Fábio Sombra

NOVI SALMOS

**Novos Salmos
para novos tempos**

Copyright © 2025 *by* Fábio Sombra

Direitos desta edição reservados à
EDITORA ROCCO LTDA.
Rua Evaristo da Veiga, 65 – 11º andar
Passeio Corporate – Torre 1
20031-040 - Rio de Janeiro - RJ
tel.: (21) 3525-2000 - Fax: (21) 3525-2001
rocco@rocco.com.br
www.rocco.com.br

Printed in Brazil/Impresso no Brasil

Preparação de originais
ISABEL FERRAZOLI

CIP-BRASIL. CATALOGAÇÃO NA PUBLICAÇÃO
SINDICATO NACIONAL DOS EDITORES DE LIVROS, RJ

S676n

    Sombra, Fábio
        Novisalmos : novos salmos para novos tempos / Fábio Sombra. - 1. ed. - Rio de Janeiro : Rocco, 2025.

        ISBN 978-65-5532-515-7
        ISBN 978-65-5595-326-8 (recurso eletrônico)

        1. Literatura devocional. 2. Poesia cristã brasileira - Literatura de cordel brasileira. I. Título.

24-95331   CDD: 242
                           CDU: 27-583:398.51(81)

Gabriela Faray Ferreira Lopes - Bibliotecária - CRB-7/6643

Carta de apresentação pela Pra. Helena Tannure

Em dias de aridez e perplexidade, bom remédio para a alma é a poesia. Ainda mais quando os versos são inspirados no Autor da vida e sua magnífica criação.

Com a mistura perfeita de beleza e simplicidade, o Pr. Fábio Sombra, um salmista moderno, nos oferece um novo olhar sobre Deus, amor e fé pelas lentes da poesia de cordel. O resultado é o *NoviSalmos*, um devocional fascinante de linguagem popular e métrica primorosa. Mais que uma leitura, um irresistível convite à contemplação do que realmente torna a vida significativa e linda de viver.

A pastora Helena Tannure é pregadora do Evangelho e tem ministrado a diferentes públicos pelo país sobre suas experiências pessoais nas áreas de família, caráter cristão, comportamento feminino, louvor, arte cristã e intercessão. É cantora e influenciadora digital. Seu canal no YouTube conta com milhares de inscritos.

Dedico este livro

Ao meu saudoso pai e à minha mãe querida. Ao amigo
José Jardim, ao tio Eli, à Marcella, à Eni, à Rosana Maria,
à Rosa Isabel, ao doutor André Castro, à Elza,
ao João Marcos, ao Bruno dos Causos, à Bel Ferrazoli,
e aos amigos músicos Jonas Máximo e Eric Pires.
Aos enfermeiros e médicos que cuidaram de mim tão
bem e ao Senhor, que me deu a força e a inspiração
para escrever este livro.

ÍNDICE TEMÁTICO

1. AO FIM DO DIA 13
Agradecimento, gratidão por um dia produtivo.
2. AO DESPERTAR 14
Agradecimento, gratidão por uma noite bem dormida.
3. PELO MEU SUSTENTO 15
Pedido a Deus para que garanta nosso pão diário.
4. PELA CORRETA DECISÃO........................ 16
Pedido a Deus para orientação em uma tomada de decisão.
5. PELO ALIMENTO 17
Agradecimento a Deus pela mesa farta.
6. PELO ANIVERSÁRIO............................. 18
Agradecimento a Deus por mais um ano de vida.
7. PARA QUEM PARTIU DESSE MUNDO 19
Oração para os que nos deixaram.
8. PARA AFASTAR A TENTAÇÃO.....................20
Pedido de força para não sucumbir às tentações.
9. NÃO PRETENDO SER PERFEITO...................21
Reflexão sobre a imperfeição humana.
10. DEPOIS DA TEMPESTADE 22
Indignação contra a opressão e a censura. Esperança de tempos melhores.
11. POR NOSSOS FILHOS............................23
Pedido a Deus por nossos filhos.
12. QUE EU JAMAIS PERCA MINHA FÉ................24
Reflexão sobre o poder da fé.
13. JESUS CRISTO, ESTOU CONTIGO!................25
Declaração de amor e fidelidade a Jesus.
14. A FAMÍLIA DIVIDIDA..............................26
Reflexão sobre brigas e desentendimentos familiares.
15. DEUS ME LIVRE DA PREGUIÇA 27
Reflexão sobre as virtudes do trabalho e os males do ócio.
16. A VELHICE IRÁ CHEGAR 28
Reflexão sobre o inverno da vida.
17. A PRECE DO VIAJANTE 29
Oração para quem viaja.
18. RECOBRAR A SAÚDE............................. 30
Oração para quem está sofrendo com alguma enfermidade.
19. PERDOAR A QUEM ME QUER MAL................ 31
Reflexão sobre o perdão aos inimigos.
20. BENS MATERIAIS 32
Reflexão sobre riqueza material e riqueza espiritual.
21. JULGAR O PRÓXIMO 33
Reflexão sobre julgar e ser julgado.
22. ROBUSTA BASE 34
Reflexão a respeito de construir sobre alicerces sólidos e firmes.
23. A SANTA CEIA 35
Reflexão sobre o simbolismo da ceia do Senhor.
24. MINISTÉRIO DA POESIA 36
Reflexão sobre pregar e orar de forma poética.
25. FAÇA O BEM DE CORAÇÃO........................37
Reflexão sobre fazer o bem desinteressadamente.
26. OBRIGADO, JESUS CRISTO........................38
Agradecimento a Jesus por sua missão na Terra.
27. JESUS VOLTARÁ 39
Reafirmação sobre o iminente retorno de Jesus.
28. DEUS PROTEJA OS PEQUENINOS................. 40
Pedido a Deus pelas crianças.
29. PODERIA ESTAR PIOR............................ 41
Agradecimento a Deus repleto de otimismo.
30. A CASA NA ROCHA............................. 42
Estruturar uma igreja com fundamentos sólidos.
31. QUEM SERIA EU?............................... 43
Questionamento sobre o sentido de uma vida sem a presença de Jesus.
32. VIM AQUI PRA DIVIDIR 44
Reflexão sobre uma afirmação realista e polêmica de Jesus Cristo.
33. O LIVRO DA VIDA 45
O desejo de merecer e ser chamado à Vida Eterna.
34. APARÊNCIAS 46
Reflexão sobre a hipocrisia e as falsas aparências.
35. A MENTE OCIOSA............................... 47
Reflexão sobre os perigos de uma vida sem objetivos e projetos.
36. ESCOLHIDOS 48
Requisitos para alcançarmos a Salvação.
37. ALIVIAR A CARGA 49
O que pedir a Deus se nossa carga está pesada demais.
38. NOVA JERUSALÉM.............................. 50
Descrição da Cidade de Deus prometida aos homens no Livro do Apocalipse.
39. SEM ESFORÇO 51
Reflexão sobre os que desejam a Salvação, sem abandonar seu equivocado estilo de vida.
40. APOCALIPSE 52
Reflexão sobre o significado do Livro do Apocalipse.
41. DOIS SENHORES 54
A escolha entre servir a Deus ou ser escravo das riquezas materiais.
42. DUAS PORTAS 55
O significado dos termos "porta estreita" e "porta larga".
43. AO FALAR COM DEUS 56
Reflexões sobre o ato de orar.
44. FRUTOS DOCES 57
Reflexão sobre árvores que dão bons frutos.
45. APRENDER COM JÓ 58
Quando coisas más vitima pessoas boas.
46. MINHA BÍBLIA................................. 59
Versos de amor e admiração pelo mais sagrado dos livros.
47. O VINHO DE DEUS.............................. 60
Falando de Deus e sobre o simbolismo do vinho.
48. OS QUE CANTAM PARA DEUS 61
Oração pelos músicos que louvam a Deus com vozes e instrumentos.
49. PARTIREI EM BREVE 62
Agradecimento por uma vida plena e reflexão sobre a inevitabilidade da morte.

50. ENXOFRE E FOGO 63
Considerações sobre a Vitória Final de Deus
contra o Inimigo.
51. CORRETA VIA 64
Reafirmação da necessidade de seguirmos Jesus
para chegarmos a Deus.
52. GLÓRIA AO FILHO AMADO 65
Exaltação e louvor a Jesus, o Filho de Deus.
53. SENTIDO LITERAL 66
Os perigos de se interpretar as Escrituras em sentido literal.
54. UM AMIGO 67
Pedindo a Deus que ilumine e proteja nossos amigos.
55. NA COVA DOS LEÕES 68
O milagre da fé, que livrou o profeta Daniel da morte certa.
56. Ó, DEUS PAI 69
Homenagem em versos de cordel à oração que
Cristo nos ensinou.
57. CONHECER E PRATICAR 70
Advertência a quem conhece as leis de Deus,
mas não as cumpre.
58. LOBO EM PELE DE CORDEIRO 71
Advertência contra falsos profetas e
sacerdotes interesseiros.
59. NÃO FRAQUEJO 72
Citação de dois personagens da Bíblia, Davi e Josué,
que confiaram em sua fé e venceram batalhas improváveis.
60. NÃO SE AFOBE 73
Um alerta contra a ansiedade e a preocupação excessiva
com o futuro.
61. PILATOS 74
Reflexão sobre a responsabilidade dos juízes.
62. A JUMENTA DE BALAÃO 75
Reflexão sobre quem sofre punição injusta.
63. VAIDADES DE VAIDADES 76
Exaltação do valor do Livro do Eclesiastes.
64. A VERDADE NOS LIBERTA 77
O valor de conhecer a verdade e não viver enganado.
65. PODE O MAL TRAZER O BEM? 78
Reflexão sobre os planos que Deus faz para as nossas vidas.
66. O POUCO COM DEUS 79
A diferença entre o que recebemos de Deus e o que
conquistamos por luxúria e ganância.
67. AO FINDAR O LABOR 80
Reflexão sobre o descanso após uma vida de
esforço e trabalho duro.
68. SAL E LUZ 81
Por que Jesus disse que nós somos o sal e a luz do mundo?
69. SOBRE AS ÁGUAS ANDAREI 82
Reflexão sobre o poder da fé.
70. OS LÍRIOS DO CAMPO 83
A tranquilidade de quem confia em Deus e sabe que
Ele proverá o que necessitamos.
71. CONTRA MIM NINGUÉM SERÁ 84
Não há no mundo aliado maior do que Deus lutando
ao seu lado.
72. A GRANDEZA DE DEUS 85
Reconhecer a grandeza do Criador e seu poder infinito.

73. HONRAR SEU SANTO NOME 86
O verdadeiro cristão se orgulha de poder dizer ao
mundo que serve a Deus.
74. O CORAÇÃO E A LÍNGUA 87
Aquilo que dizemos é simplesmente um reflexo do
que temos em nossos corações.
75. TRABALHAR E POUPAR 88
Quem trabalha ganha. Quem ganha e poupa sempre terá o
que precisa nas horas de dificuldade.
76. DEUS DECIDE 89
Deus tem o seu próprio tempo e os seus
próprios propósitos. Nada nos é dado ou tirado,
antes ou depois da hora certa.
77. PAZ NA SEPARAÇÃO 90
Separações – assim como uniões – são fatos da vida.
Por que precisamos fazê-las tão sofridas?
78. ENDIVIDADO 91
Gastar mais do que se ganha pode arruinar nossas vidas.
79. PERDER O EMPREGO 92
Oração para livrar-nos do mal de nos vermos privados
de nossa fonte de recursos.
80. PERDER UM ENTE AMADO 93
Deus não leva os que amamos somente pra nos fazer sofrer.
81. NEM TUDO NOS CONVÉM 94
Nem tudo que é permitido é necessariamente
bom e recomendável.
82. NADA DE NOVO SOB O SOL 95
Os tempos passam, mas o mundo, em essência,
continua o mesmo.
83. NOVOS JUDAS 96
Judas não foi nem será o último dos traidores.
84. POR MEUS OLHOS 97
Oração de agradecimento a Deus por nossos olhos
e pela alegria de enxergar.
85. O CEGO SEM BENGALA 98
O pior cego é aquele que tenta enxergar,
mas não tem Deus ao seu lado.
86. DIFERENTES, QUASE IGUAIS 99
Reflexão sobre nossos irmãos, os animais.
87. MINHAS PERNAS 100
Agradecimento a Deus pela faculdade de caminhar e
se locomover pelo mundo.
88. SALMOS DA BÍBLIA 101
Reflexão sobre a beleza e a poesia dos salmos.
89. PARA UM FILHO NAS DROGAS 102
Súplica para que Deus não desampare um filho nosso
– ou de outrem – que enveredou pelo caminho das drogas.
90. EDUCAR MEUS FILHOS 103
Pedir a Deus apoio e orientação para educar nossos filhos.
91. DEUS ME TIRE DA CACHAÇA 104
Súplica para abandonar a desgraça do alcoolismo.
92. RENASCER 105
O verdadeiro cristão, ao aceitar sua fé, renasce para a vida.
93. SEM ESFORÇO 106
Nada de relevante em nossas vidas é conseguido
sem esforço e perseverança. Vejam o exemplo
do publicano Zaqueu.

94. VERSEJANDO COM PAULO 107
Versão poética da definição do amor, feita por Paulo
em sua primeira carta aos Coríntios.
95. ATÉ O REI DAVI 108
Nem o virtuoso rei Davi escapou da tentação do pecado.
96. RECORDAÇÕES DO ÉDEN 109
Quero ir para o céu, mas a nossa Terra também tem lugares
lindos demais!
97. CADA OVELHA É RELEVANTE 110
Cada ovelha do rebanho de Deus é preciosa. E Ele não
se descuidará de nenhuma delas.
98. ORE! ORE! 111
Não economizemos com nossas orações. Deus as
ouvirá e nos atenderá!
99. OBRAS INACABADAS............................112
Oração para que Deus não me deixe partir deixando obras
ainda por terminar.
100. SORRIA SEMPRE 113
Sorrir é grátis. E faz um bem imenso às nossas vidas.
101. O SALMO 23 EM POESIA CAIPIRA..................114
Versão do famoso salmo traduzido para a linguagem
matuta. Um clássico caipira.
102. ESTRADA DA VIDA 116
Analogia da vida com uma estrada, um caminho a
ser trilhado.
103. A MENINA DOS OLHOS..........................117
Ser a menina dos olhos do Senhor e estar sobre a proteção
de suas asas. Nobre desejo.
104. VISTOSAS CATEDRAIS 118
Reflexões sobre templos luxuosos e decorados em excesso.
105. PROFECIA 119
Um sonho profético sobre o retorno de Jesus
ao nosso mundo.
106. O SENHOR ME FORTALECE......................120
O Senhor é o nosso tônico, nossa vitamina,
nosso energético!
107. PARA DEUS TUDO É POSSÍVEL....................121
Para Deus, nada é difícil, nada é complicado.
Tudo está ao Seu alcance.
108. CÃES E LOBOS 122
Comparação entre cães e lobos, entre a bondade
e a maldade.
109. DIVULGAR A PALAVRA...........................124
Se não divulgarmos a Palavra de Deus, ela pode nunca
alcançar aqueles que estão mais distantes.
110. A LÍNGUA DE SANSÃO 126
Quem fala demais pode acabar em maus lençóis.
111. ARQUITETOS DE BABEL!.........................127
Não sejamos ambiciosos como os arquitetos
que queriam chegar ao céu sem fazer por onde.
112. TENHA PENA DE QUEM PENA 128
Não escarnecer dos que se veem em dificuldade.
Não debochar dos que sofrem.
113. VENDILHÕES NO TEMPLO........................129
Reflexão sobre os exploradores da fé.
114. ÁGUA VIVA, PÃES E PEIXES 130
A fé alimenta e sacia a sede de quem a tem.

115. MIL PROJETOS INICIADOS 131
Não devemos começar obras que sabemos que não
poderemos concluir.
116. AGENDA LOTADA...............................132
Reflexão sobre quem se mata de trabalhar e
não tem tempo de aproveitar a vida.
117. LOBO DEVORADOR..............................133
Toda atenção é pouca com os falsos e os traidores.
118. LONGE DO CIGARRO............................134
Oração para nos afastar dos malefícios do cigarro.
119. PARA UM RECÉM-NASCIDO......................135
Saudação de boas-vindas a quem acabou de chegar
ao nosso mundo.
120. BATISMO 136
Uma cerimônia repleta de significado.
121. ORAÇÃO PARA UM NOIVADO 137
Celebração de um pré-compromisso entre
almas que se amam.
122. BEM-AVENTURADO CASAL 138
Um elogio àqueles casais que lutam juntos, se amam
e compartilham suas jornadas na vida.
123. FORMATURA...................................139
Uma cerimônia de passagem. Fim de um ciclo e
esperança de novos tempos.
124. ORAÇÃO AOS PROFESSORES.....................140
Um bom mestre é um tesouro.
Um agradecimento a eles!
125. DEUS ABENÇOE OS FAZENDEIROS................141
Reflexão sobre os que trabalham para nos alimentar.
126. TINHA OLHOS, MAS NÃO VIA 142
Reflexão sobre o que enxergamos com os olhos da fé.
127. NÃO TEMA A MORTE............................144
A morte não é o fim. É um começo. Nosso corpo fia,
nossa alma segue caminhando.
128. ORANDO POR MAIS LIVROS 146
Uma oração pelos livros, nossos mestres impressos
ou digitais.
129. FÉ E PACIÊNCIA 148
É preciso ter paciência e fé para aguardar as incríveis
recompensas que teremos no Reino do Senhor.
130. ATÉ DEUS VIR ME BUSCAR 149
Reflexão sobre a velhice e um inverno da vida feliz
e prazeroso.
131. COM DEUS PAI PELA FAMÍLIA....................150
Defesa intransigente da instituição da família e
de seus valores.
132. SIMPLICIDADE AO FALAR........................151
O bom comunicador não complica.
Não fala empolado, não usa de afetação.
133. PERSEVERANTES................................152
Quem insiste recebe sua recompensa.
O preguiçoso nada consegue.
134. ALIENADOS DA POLÍTICA 154
Os males de se alienar da política e do mundo.
135. CAUSAR ESCÂNDALOS..........................156
Ninguém quer a companhia de encrenqueiros e
causadores de escândalos.

136. SEDE DE DEUS 157
Deus é nossa fonte de água fresca,
nosso oásis no deserto.
137. O MAIOR DOS REIS 158
O maior rei do mundo não se trajava com luxo,
não tinha trono e vivia entre os miseráveis.
138. VI ELIAS E ELISEU 159
Sonho profético sobre a subida do profeta Elias ao céu.
139. BOLINHO DA VIDA ETERNA.................... 160
Receita culinária para chegar ao Reino do Céu.
140. ESCOLA DOMINICAL............................ 161
A importância de evangelizar uma criança desde cedo.
141. DESOBEDECENDO A DEUS 162
O profeta Jonas nos traz uma reflexão sobre o perigo
de se desobedecer a Deus.
142. O ALZHEIMER E O CÉU......................... 163
As pessoas com a doença podem partir para o céu
ainda em vida?
143. PARA UM FILHO AUTISTA....................... 164
Oração para os filhos autistas e para os seus
batalhadores pais.
144. PELA GRAVIDEZ 165
Oração para as mulheres que se preparam para
receber as graças da maternidade.
145. PELOS PAIS QUE ADOTAM..................... 166
Bênçãos para quem pratica a adoção.
146. A INVEJA É INIMIGA............................ 167
Um alerta aos invejosos. O exemplo de Caim e Abel.
147. PELOS MEUS ENFERMEIROS 168
Oração para os que cuidam da gente nos momentos mais
dramáticos de nossas vidas.
148. NEFASTO PRECONCEITO....................... 169
Desabafo contra os males do preconceito e
do ato de julgar o próximo por sua aparência.
149. AMOROSOS SEM IGUAL....................... 170
Palavras às famílias que convivem com
a síndrome de Down.
150. DEPRESSÃO 171
Oração e reflexão sobre a depressão, o mal silencioso.
151. DEUS ME AFASTE DOS CASSINOS.............. 172
Reflexão sobre o vício e os malefícios do jogo.
152. DEUS ME AJUDE COM A DIETA................. 173
Oração por uma dieta saudável.
153. ATIRE A PRIMEIRA PEDRA 174
Por que é tão fácil julgar o próximo?
154. PARA OS QUE CUIDAM DE UM ENFERMO 175
Quem cuida de um enfermo merece o paraíso.
Oração para os enfermos e para os seus cuidadores.
155. DEUS INSPIRE AS NOVIDADES.................. 176
O que seria do mundo sem os inovadores,
os inventores e os que não temem diante do novo?
156. NÃO SE DESCUIDE............................. 177
Reflexão sobre os males da soberba.
157. ENXOFRE FUMEGANTE 178
Visão do inferno em um sonho profético.
158. DANCINHAS DE CRISTO........................ 180
As modinhas musicais e a verdadeira música de louvor.

159. NÃO FAÇA SÓ POR RECOMPENSA............. 182
Abençoados aqueles que fazem um belo serviço
sem esperar por elogios e gratificações extras – estes
virão de Deus.
160. O COMUNICADOR 183
Reflexão sobre o melhor comunicador que houve no mundo:
Jesus Cristo.
161. CRISTI-ROCK................................... 184
Quem disse que Rock 'n' Roll não pode falar de Cristo?
162. FALAR SOBRE O INIMIGO...................... 186
O problema de se falar do Capeta.
163. CAMPEÕES 188
Campeão é quem não desiste fácil e segue em frente,
mesmo na adversidade.
164. PREGAR PARA CONVERTIDOS 189
Como é fácil convencer a quem já está convertido!
Mas isso é o bastante?
165. GRATIDÃO 190
Ser grato é tudo! Agradeça o bem que te fazem!
166. NÃO INSISTA EM CONVERTER 191
Se a pessoa não quer ouvir a Palavra de Deus, não insista.
Não seja um "Cristichato".
167. PÉS DE PAVÃO................................. 192
Os pavões têm linda plumagem, mas os pés mais feios
do reino animal.
168. NÃO PEÇA A DEUS QUE TE LEVE 193
Quem vive pedindo que Deus os leve, não sabe o que pede.
Deus o levará SOMENTE NA HORA CERTA!
169. TENHA PACIÊNCIA COM QUEM TE FALA DE DEUS.... 194
Não demonstre irritação contra os que se aproximam para te
trazer a Palavra.
170. NÃO ESPERE DEMAIS PARA ACEITAR JESUS 195
Quanto antes, melhor para a gente
e melhor para o mundo.
171. SIMPLES, MAS ATENTOS 196
Sejamos humildes, mas nunca ingênuos.
172. O ABC DO BOM CRISTÃO...................... 198
Reflexões sobre a vida cristã, seguindo as letras do alfabeto,
como nos tradicionais ABCs da literatura de cordel.
A missão do Livro dos NoviSalmos 203
Modo de usar o Livro dos NoviSalmos 204
Dez curiosidades sobre os 150 salmos originais
que estão na Bíblia................................... 205
Alguns trechos de rara beleza extraídos
dos salmos bíblicos 206

APRESENTAÇÃO

Nos primeiros dias de fevereiro de 2024, o pastor Fábio Sombra – o Pregador Poeta – foi internado em estado grave de saúde. Ficou quase um mês no hospital e de lá saiu sem o seu pé direito e com um sério problema que afetava sua visão. Ainda preso ao leito hospitalar, com um tablet nas mãos e muito entusiasmo, Fábio deu início ao projeto deste Livro dos NoviSalmos.

É um devocional diferente de tudo o que você já viu, com pensamentos e reflexões sobre Deus, amor e fé, escritos em poesia de cordel e em formato de salmos modernos. Uma obra inspiradora e um exemplo de que Deus nos abre portas e nos oferece oportunidades preciosas, mesmo nos momentos mais inusitados da nossa vida.

O QUE SÃO OS NOVISALMOS?

NoviSalmos são poemas
De cristã motivação;
Como os salmos lá da Bíblia,
Alguns são de louvação,
Outros deles nos convidam
A real reflexão
Sobre temas como o amor,
Fé em Deus, nosso Senhor,
E o agir de um bom cristão.

NoviSalmos são leituras
Nem divinas, nem sagradas
Mas à Bíblia nos remetem
Com estrofes versejadas
Que incentivarão de pronto
As almas interessadas
A pensar e refletir
Sobre o ontem e o porvir
Sem palavras rebuscadas.

NoviSalmos foram escritos
Nesse século presente
Mas têm vínculos com textos
De um longínquo antigamente,
Pois os tempos vão passando
Mas não mudam a fé da gente.
O que a Bíblia estabelece
Não caduca ou envelhece,
Junta o velho com o recente.

COMO NASCERAM OS NOVISALMOS?

Esse livro que escrevi
De maneira especial
Foi inteiro redigido
Numa cama de hospital.
Sem um pé, que foi cortado,
Vendo tudo enevoado,
Ai, meu Deus, estive mal!

Mas só vinham pensamentos
De coragem à minha mente.
Era um chamado de Deus
E com Ele eu fui em frente.
Esses tempos nem tão calmos
Deram origem aos NoviSalmos
Desse livro aqui presente.

A doença me abalou,
Mas a vejo, na verdade,
Como a porta que se abriu
Me dando a oportunidade
De escrever e produzir
Esta obra e compartir
Minha fé, minha lealdade.

Lealdade a Deus, meu Pai
Que jamais me desampara.
Que me inspira, me incentiva,
Que me guia e me prepara.
Pois na dor e na doença
Tripliquei a fé e a crença,
Fé que cura e que me sara!

NoviSalmo 01

AO FIM DO DIA

Obrigado, meu Senhor
Pelo dia que vivi,
Pelas luzes que enxerguei.
Pelo pão que recebi,
Pelo tanto que lutei,
Pelo muito que aprendi.
E por todos os pecados
Que evitei por crer em Ti.
Quem tem fé não tomba ou cai,
E agradece ao nosso Pai,
Que do Alto nos sorri.

Obrigado, meu Senhor,
Pelo dia que termina.
Quando o sol vai se deitar
Chega a lua e me ilumina.
Que amanhã seja outro dia,
Também pleno de energia,
Energia que me anima.

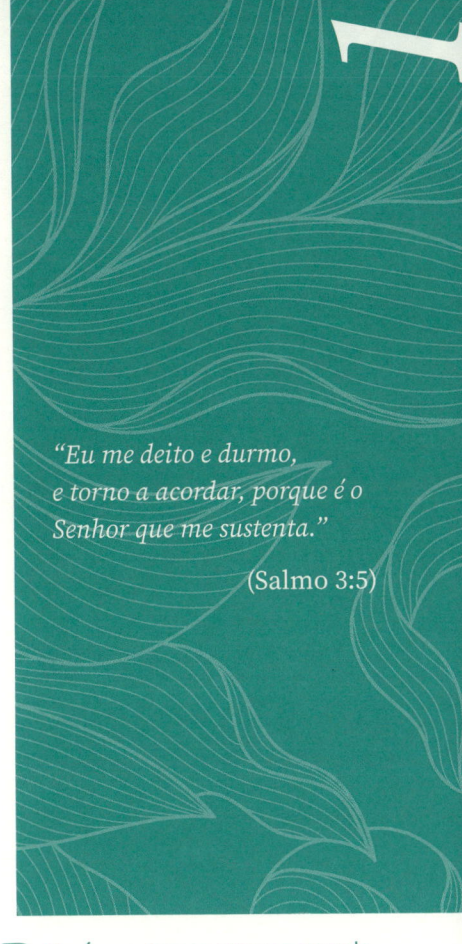

"Eu me deito e durmo, e torno a acordar, porque é o Senhor que me sustenta."

(Salmo 3:5)

Será que temos mesmo agradecido a Deus todas as noites pelos dias maravilhosos e pelas bênçãos que Ele nos traz?

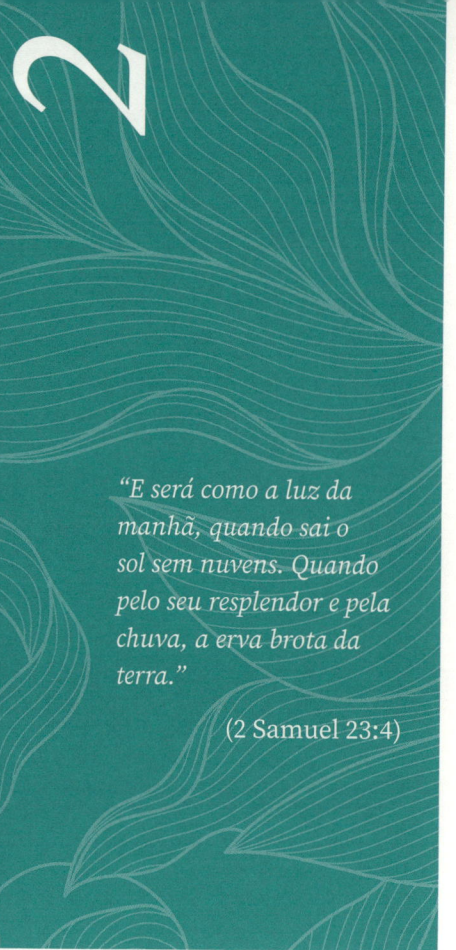

"E será como a luz da manhã, quando sai o sol sem nuvens. Quando pelo seu resplendor e pela chuva, a erva brota da terra."

(2 Samuel 23:4)

NoviSalmo 02

AO DESPERTAR

Obrigado, Deus, meu Pai,
Pela noite bem dormida
E por este sol que aquece
Mais um dia em minha vida.

Que a jornada de hoje seja
Nem pesada, nem sofrida,
Que minha lida seja intensa
Sem ser nunca desmedida.
Peço um dia proveitoso,
Com plantio esperançoso
E colheita garantida.

E aí? Será que sempre conversamos com Deus logo ao despertar? Lembramos a Ele o quanto somos grato e o quanto somos felizes por contar com a Sua proteção e o Seu amor?

NoviSalmo 03

PELO MEU SUSTENTO

Eu, humilde, agora peço
Ao Senhor, que é sempre atento:
Que não me faltem os recursos,
Que garantem meu sustento,
E o de todos que dependem
Do abrigo e do alimento
Que hoje ganho com o trabalho,
E o seu justo pagamento.

Que jamais me falte um prato
De comida sobre a mesa.
Não precisa ser banquete,
Mas, te peço, com justeza,
O que for suficiente
Pra afastar-me da pobreza.
Rogo a Deus que me alimente
E o Senhor, onipotente,
Há de ouvir-me, com certeza.

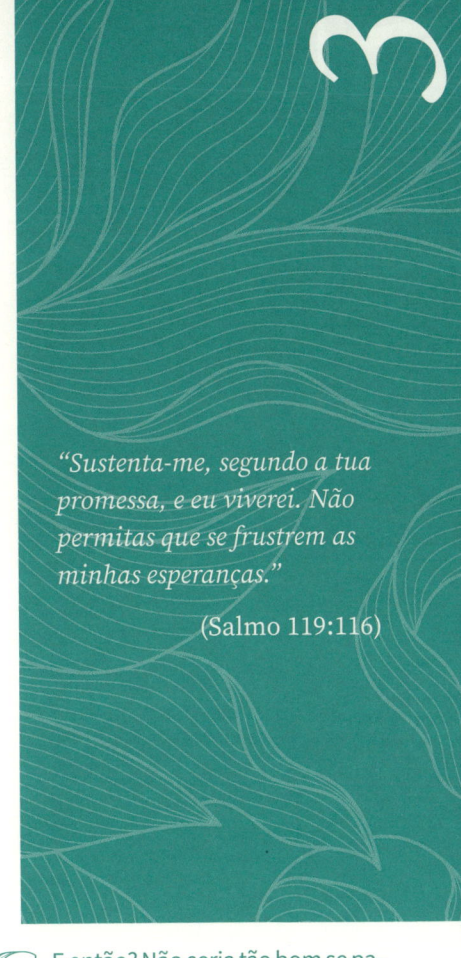

"Sustenta-me, segundo a tua promessa, e eu viverei. Não permitas que se frustrem as minhas esperanças."

(Salmo 119:116)

E então? Não seria tão bom se parássemos mais vezes para pensar em como deve ser dura a vida de quem não tem seu sustento garantido com regularidade?

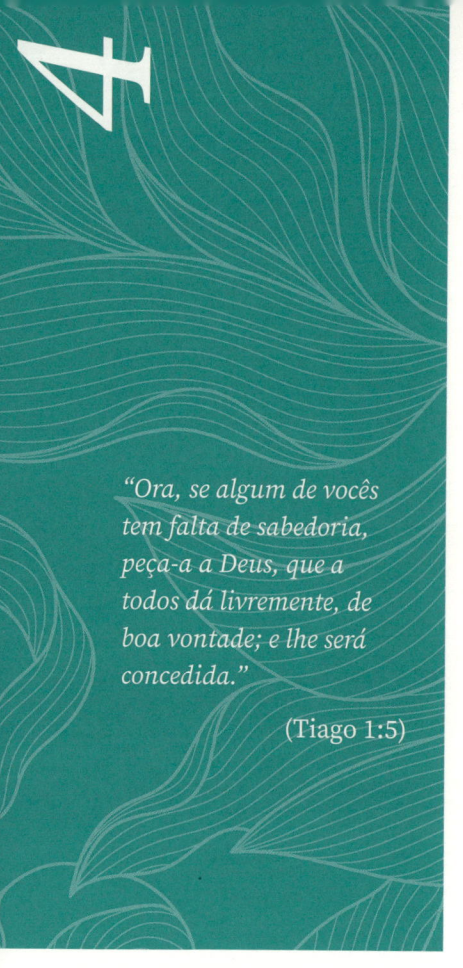

"Ora, se algum de vocês tem falta de sabedoria, peça-a a Deus, que a todos dá livremente, de boa vontade; e lhe será concedida."

(Tiago 1:5)

NoviSalmo 04

PELA CORRETA DECISÃO

Vou pedir agora a Deus
(Nosso mestre e nosso guia),
Que me ajude nessa escolha
Com real sabedoria.

Que a correta decisão
Seja fonte de alegria,
Seja estrada plana e reta,
Que não curva, nem desvia,
Pois, feliz é, por inteiro,
Quem tem Deus por conselheiro
E no auxílio Seu confia.

◆◆◆

Ao fazer uma escolha ou tomar uma decisão, nada como pedir orientação justamente aos dois "consultores" mais sábios do universo: Deus e Jesus, não é mesmo?

NoviSalmo 05

PELO ALIMENTO

Agradeço a Deus, meu Pai,
Por trazer-nos o alimento
Que sacia nossa fome
E nos traz contentamento,
Pois, nutridos, lutaremos,
E as batalhas venceremos
Com mais força e mais alento.

Agradeço e peço ainda,
Ao Senhor, nessa oração,
Que também em outros lares
Não deixe faltar o pão,
E uma mesa bem servida,
Com fartura de comida,
Também tenha o nosso irmão.

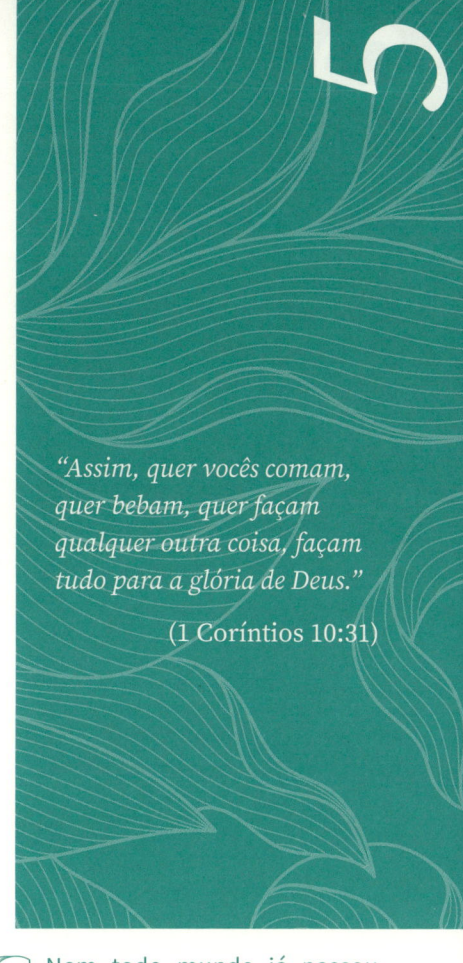

"Assim, quer vocês comam, quer bebam, quer façam qualquer outra coisa, façam tudo para a glória de Deus."

(1 Coríntios 10:31)

Nem todo mundo já passou fome em sua vida. Mas quem vive ou já viveu essa triste experiência jamais a esquecerá.
E é por isso que devemos ser MUITO gratos com Aquele que nos dá o pão diário – conforme pedimos na oração que Ele próprio nos ensinou.

"Este é o dia que fez o Senhor. Regozijemo-nos e alegremo-nos nele."

(Salmo 118:24)

É bom comemorar mais um ano de vida. Lembra a gente que vencemos mais um ciclo inteiro de realizações e de novas experiências adquiridas. Que venham muitos outros, e que os passemos também com saúde e fé em Deus.

NoviSalmo 06

PELO ANIVERSÁRIO

Agradeço a Deus por mais
Esse ano de vitória,
Recheado de conquistas
Que engrandecem minha história;
Que eu seja merecedor
De mais outros, com o Senhor,
E que viva em Sua Glória.

Obrigado, Deus, por tantas
Obras prontas que entreguei.
E, pelas inacabadas,
Prometo que lutarei
Pra que, em breve, venham à Luz,
Sob as bênçãos de Jesus,
Nos conformes de Sua lei.

Obrigado pela boa
Saúde e disposição.
Obrigado por um ano
De trabalho e inspiração,
Com a serena e santa paz,
Que é o presente pra quem traz
O Senhor no coração.

Ao Senhor que garantiu
Minha carne e meu feijão,
Obrigado pela farta
E bem-vinda provisão
Que me assegurou o sustento
Sempre a gosto e a contento,
Quer no inverno ou no verão.

E agradeço a Deus, por fim,
Pelo imenso e forte amor,
Dos amigos que me cercam
E conhecem meu valor.
Que eles sejam sempre amados
E, no céu, recompensados
Com a brandura do Senhor.

NoviSalmo 07

PARA QUEM PARTIU DESSE MUNDO

Ao nascer você chorava,
Todos riam nessa hora.
Hoje choram e é você
Que, sorrindo, vai se embora.

Sorrindo por ter cumprido
Por inteiro sua missão,
Por ter suportado os fardos
Da vida com decisão,
Por batalhas ter vencido
Sem jamais lutar em vão,
Por não ter esmorecido,
Fraquejado ou desistido
Nas horas de precisão.

Como humano você teve
Igualmente seus pecados.
Que eles sejam, por Deus Pai,
Todos eles perdoados.
E seus dias, em seu Reino,
Sejam sempre iluminados,
Pois quem soube ter juízo,
Bem merece o paraíso
Dos que foram abençoados.

No livro do Eclesiastes
Há um ditado de valor:
Para tudo existe um tempo,
Pra quem chega e pra quem for.
Você parte agora e leva
Nosso afeto e nosso amor;
Que tenha um futuro manso
E mereça seu descanso
Junto ao trono do Senhor.

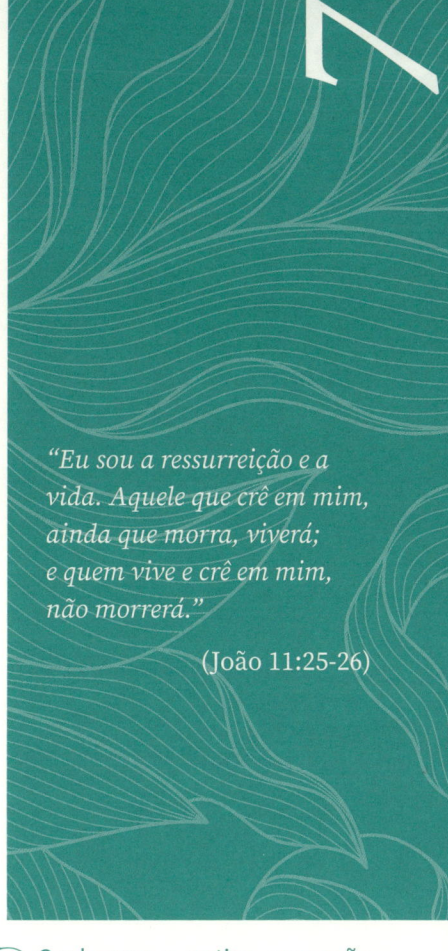

"Eu sou a ressurreição e a vida. Aquele que crê em mim, ainda que morra, viverá; e quem vive e crê em mim, não morrerá."

(João 11:25-26)

Conhecem a antiga expressão "fulano partiu dessa para uma melhor"? Nada poderia ser mais verdadeiro para os que creem no Senhor e praticam seus ensinamentos. A morte é o caminho para recebermos a recompensa que nos foi prometida para a Vida Eterna!

NoviSalmo 08

PARA AFASTAR A TENTAÇÃO

Peço a Deus com muita fé
Peço a Ele humildemente
Que me afaste da cobiça
E de tudo o que me tente.
Da luxúria, das vaidades,
E das vãs futilidades,
De uma vida inconsequente.

Me liberte da ansiedade
De juntar ouro e dinheiro
E ostentar bens e riquezas
De valor só passageiro.
Me livre da tentação
Dos prazeres, sem perdão,
Quero amor, só o verdadeiro.

Se caminho junto ao Pai,
Nenhum vício me domina.
Que eu jamais tenha, na vida,
Fumo, droga e jogatina.
São escapes para fugir,
Tiram o ânimo de agir,
Isso a vida nos ensina.

Peço a Deus, aqui, por fim,
Que me dê sustentação
Para resistir, valente,
Como deve um bom cristão.
Que Ele possa ser meu guia
E, ao meu lado, a cada dia,
Me livre da tentação.

"Deus é fiel; ele não permitirá que vocês sejam tentados além do que podem suportar. Mas, quando forem, ele mesmo providenciará um escape."

(1 Coríntios 10:13)

Vivemos rodeados de tentações dos mais diversos tipos. Mas quem conta com um caráter firme e com a proteção Divina passa longe desses perigos e não se desvia do reto caminho rumo à Salvação. Concordam?

NoviSalmo 09

NÃO PRETENDO SER PERFEITO

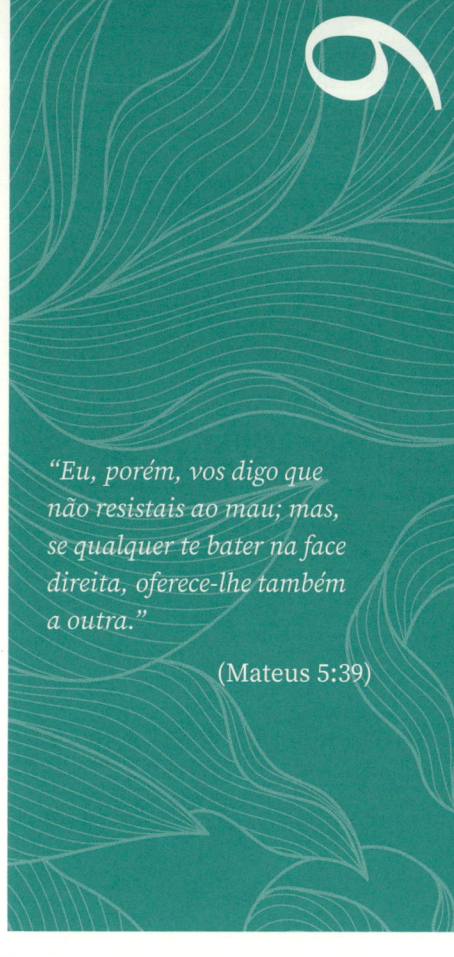

Não pretendo ser perfeito,
Pois, perfeito, só o Senhor.
Mas prometo, com certeza,
Com esforço e destemor,
Ser melhor como cristão
E almejar a Salvação
Junto ao Pai, meu Criador.

Admito minhas faltas,
Reconheço meus pecados,
As virtudes que não tenho
E os deslizes praticados,
Mas a Deus peço clemência,
E que em sua Onipotência
Mil perdões me sejam dados.

A quem me estapeia o rosto,
Outra face não sei dar,
Pelo menos não ainda,
Mas, prometo, irei tentar,
Pois somente com humildade,
Mansidão e caridade
Pode alguém ao céu chegar.

Não pretendo ser perfeito
Como o ouro que reluz,
Mas procuro andar na trilha
Que nos leva e nos conduz
Ao que veio ao nosso mundo,
Ensinou o amor profundo
E por nós morreu na cruz.

◆◆◆

"Eu, porém, vos digo que não resistais ao mau; mas, se qualquer te bater na face direita, oferece-lhe também a outra."

(Mateus 5:39)

Das lições nos deixadas por Jesus, esta talvez seja a mais difícil de seguir. O ódio a quem nos maltrata é a reação que, pela lógica, nos vem mais naturalmente. É preciso muito aprendizado, muito autocontrole e, sobretudo, muita fé em Cristo e na Salvação para cultivarmos o dom de perdoar. O que vocês pensam sobre o tema?

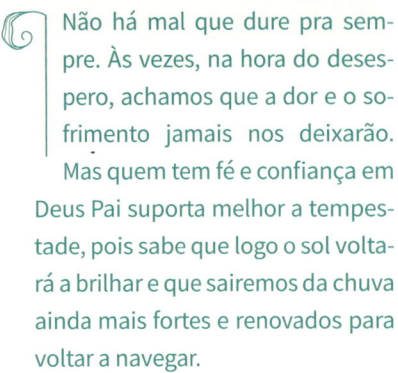

"Faz cessar a tormenta, e calam-se as suas ondas. Então se alegram, porque elas se aquietaram; assim, os leva ao seu porto desejado."

(Salmo 107:29,30)

Não há mal que dure pra sempre. Às vezes, na hora do desespero, achamos que a dor e o sofrimento jamais nos deixarão. Mas quem tem fé e confiança em Deus Pai suporta melhor a tempestade, pois sabe que logo o sol voltará a brilhar e que sairemos da chuva ainda mais fortes e renovados para voltar a navegar.

NoviSalmo 10

DEPOIS DA TEMPESTADE

Vejo tanta iniquidade,
E injustiça nesse mundo.
Vejo atos de maldade,
E um desprezo tão profundo
Pelo certo e pelo honrado.
Vejo o justo aprisionado
Por um carcereiro imundo.

Vejo a bruta insensatez
De abjetos ditadores
Reprimindo, encarcerando
E calando opositores.
Opressão que mortifica,
Que reforça e amplifica
Nossos medos e temores.

E eu pergunto a Ti, Senhor:
Por que agem tais tiranos?
Por que reinam e prosperam
Tão nefastos soberanos?
A resposta é: Deus confia
Em Sua sabedoria
E Ele tem seus próprios planos.

Que é testar a nossa fé,
Nosso senso de esperança,
Reforçando nosso escudo,
Afiando a nossa lança,
Pois, depois da tempestade.
Quem resiste, de verdade,
Viverá para a bonança!

NoviSalmo 11

POR NOSSOS FILHOS

Deus proteja nossos filhos
Nesses tempos de incerteza,
Em que o mal e a tentação
Os espreitam, com certeza.
Que eles tenham decisão
Pra evitar a perdição,
Resistindo com dureza.

Deus proteja nossos filhos
Da futilidade fria,
Da bebida sem medida
E da droga que os vicia.
Que se afastem dos perigos,
Escolhendo bons amigos
Para andarem em companhia.

Deus proteja nossos filhos,
E me ajude, pois preciso
Que eles ouçam meus conselhos,
E me escutem quando aviso:
– Estudar para ser gente,
Trabalhar honestamente
Com afinco e com juízo.

Deus proteja nossos filhos
Dos mimos ilimitados.
E que alguns de seus caprichos
Sejam mesmo até negados,
Pois crianças que têm tudo
Vão se transformar, contudo,
Em adultos complicados.

Deus proteja nossos filhos
Pra que tenham segurança.
Que eles lidem com dinheiro
Sabiamente, sem gastança,
E que vivam a vida, então,
Evitando a ostentação
Com firmeza e confiança.

Deus proteja nossos filhos.
Que eles tenham um corpo são,
Sem doenças e que esbanjem
Saúde e disposição.
E ao Senhor faço um apelo;
Cuide deles com seu zelo,
Eu te peço em oração.

❖❖❖

"Os filhos do seu ventre serão abençoados, como também as colheitas da sua terra."

(Deuteronômio 28:4)

Criar bem um filho sempre foi um desafio em qualquer época da história, mas temos a impressão de que hoje a tarefa é ainda mais arriscada em meio a tantas novas tecnologias fantásticas, mas que podem ser usadas para o mal – e pelos maus. Nesses tempos, vamos precisar ainda mais da ajuda de Deus e da presença da família para guiar esses jovens no rumo correto do Bem e de sua Salvação.

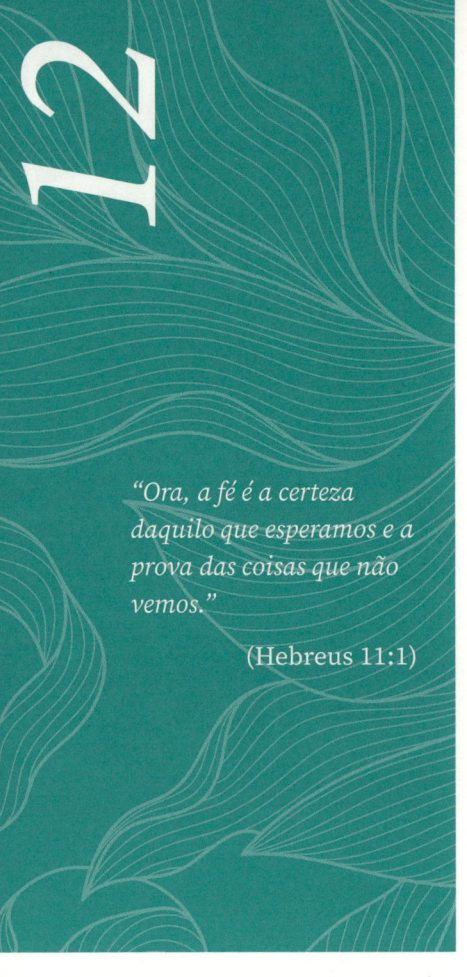

"Ora, a fé é a certeza daquilo que esperamos e a prova das coisas que não vemos."

(Hebreus 11:1)

NoviSalmo 12

QUE EU JAMAIS PERCA MINHA FÉ

Se um pedido eu faço a Deus
É que não me desampare.
Que não deixe que eu me canse,
Nem desista, nem que eu pare.

Se um pedido eu faço a Deus
É que eu nunca perca a fé.
Que não cesse a esperança,
Que me ergue e põe de pé.

Pois a fé nos deixa sempre
Mais seguros, pacientes,
Mais esperançosos e,
Com certeza, mais valentes.
Energiza nossas almas,
Nossos corpos, nossas mentes,
Nos conforta com sua paz,
E os efeitos que isso traz
São profundos, surpreendentes.

❦ Não consigo imaginar como deve ser vazia e triste a vida de quem não crê na Vida Eterna, nas promessas feitas por Jesus e no valor de seus ensinamentos. É aí que entra a Fé. É ela que nos enche de esperança e força naqueles momentos de sofrimento. É ela que nos faz saber que existe uma Vida Eterna logo após a nossa vida terrena.

NoviSalmo 13

JESUS CRISTO, ESTOU CONTIGO!

Jesus Cristo, estou contigo,
Sempre junto, ali, bem rente.
Sem ressalvas, eu te sigo,
Sigo incondicionalmente.
Sendo rosa sem espinho,
Só você mostra o caminho
Rumo ao Pai Onipotente.

Muitas vezes nos acenam
Com promessas sem razão,
De atalhos que prometem
Ilusória salvação.
Tudo isso é só comício,
Artimanha e artifício
Da falsa religião.

Jesus Cristo, estou contigo,
E estarei até o meu fim.
Não se chega a Deus por meio
De feitiço ou coisa assim.
Cristo disse e vou lembrar:
– *Ninguém nunca há de chegar*
Ao meu Pai senão por mim.

"Disse-lhe Jesus: Eu sou o caminho, e a verdade e a vida; ninguém vem ao Pai, senão por mim."

(João 14:6)

No mundo de hoje vemos muitas ofertas de "salvação expressa" por meio de religiões alternativas, filosofias e doutrinas esotéricas que muito prometem e nada entregam. Isso quando elas não "depenam" os crédulos e esperançosos. Querem experimentar? Experimentem, mas a verdade é que não existe atalhos para a Vida Eterna. O caminho é um só: seguir, com fé, as leis de Deus e os exemplos deixados por seu Filho.

NoviSalmo 14

A FAMÍLIA DIVIDIDA

Coisa triste, nesse mundo,
De ser vista ou ser ouvida,
É a dor de uma família
Separada e dividida.
Pai e mãe sem direção,
Irmão enfrentando irmão.
Ai, que cena mais sofrida!

Muitas vezes por besteira
Surge um desentendimento.
As disputas desmedidas
Por herança e testamento
Geram cenas de ciúmes,
Erguem muros e tapumes,
Dando margem ao desalento.

Coisa triste nesse mundo,
É viver com divisão.
Com saudade verdadeira
Da harmonia e da união.

Discussão pouco se via
Por credo e ideologia
Na família de um cristão.

No entanto Deus do Céu,
Com o poder do seu querer,
Pode a louça restaurar,
Pode os cacos recolher
E juntá-los como antes.
Nós pedimos, suplicantes,
Que isso possa acontecer!

◆◆◆

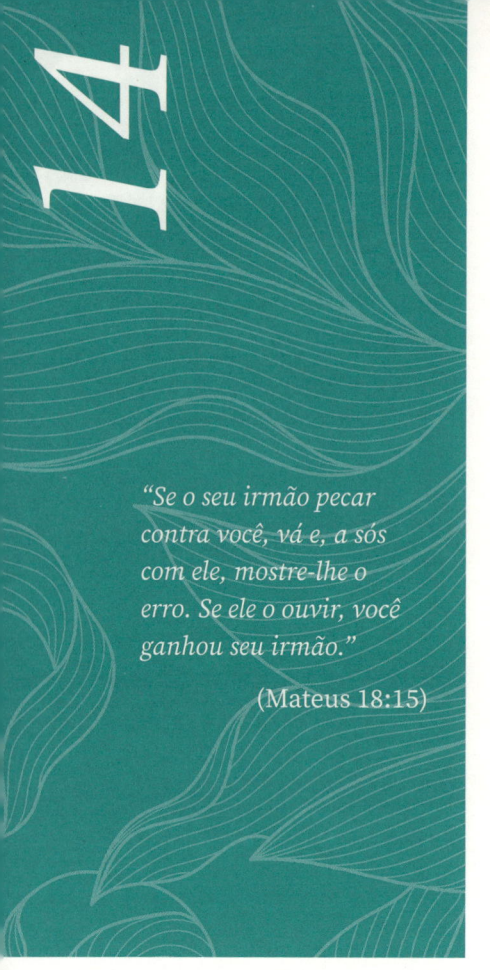

"Se o seu irmão pecar contra você, vá e, a sós com ele, mostre-lhe o erro. Se ele o ouvir, você ganhou seu irmão."

(Mateus 18:15)

Brigas familiares por heranças e bens, desavenças por intrigas entre parentes, sempre existiram. Hoje, ganham espaço também aquelas motivadas por posicionamentos políticos e ideológicos.

A cada eleição, e mesmo após elas, as paixões e os ódios se acirram e os ânimos se exaltam. Será que vale a pena?

NoviSalmo 15

DEUS ME LIVRE DA PREGUIÇA

Deus me livre da preguiça,
E da ociosidade
De viver na vida mansa
Sem trabalho, sem vontade.
A moleza, eu te diria:
É uma droga que vicia
Com grande facilidade.

Deus me livre de acordar
Sem tarefas a cumprir
Só pensando em retornar
Para a cama de dormir.
Deus me livre de algum dia
Só pensar em pescaria,
E TV para assistir.

Deus me ajude com coragem
Pra mais obras produzir,
E passar por esse mundo
Podendo contribuir
Pra torná-lo belo e vivo,
Energético e ativo.
Ó, Senhor, queira me ouvir!

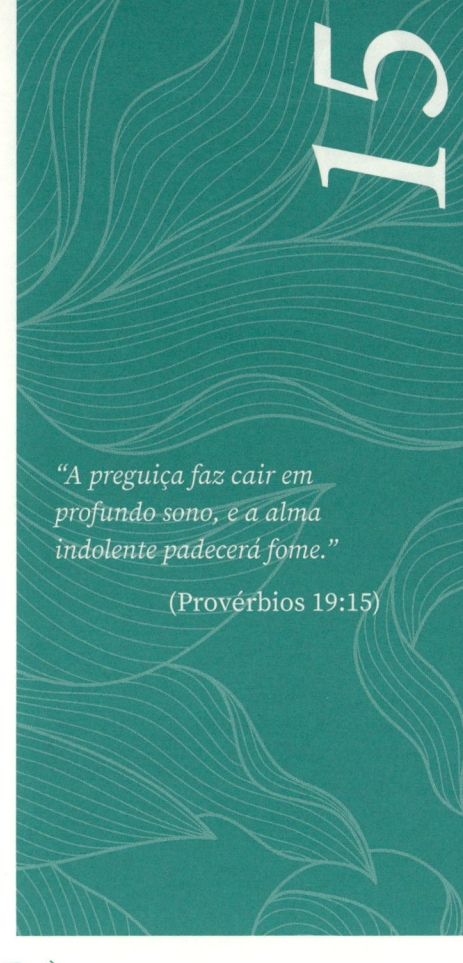

"A preguiça faz cair em profundo sono, e a alma indolente padecerá fome."

(Provérbios 19:15)

Às vezes vemos pessoas extremamente talentosas que, mesmo assim, não progridem na vida. Nada conseguem, nada produzem de útil. E o grande problema é a preguiça, a indolência. O preguiçoso está sempre adiando seus planos ou abandonando pela metade seus projetos já começados. Ele sempre acha que tem todo o tempo do mundo, mas a verdade é que não tem. No final da vida ele olha para trás e chora pelo tanto que poderia ter realizado. E não o fez. Passa fora, preguiça!

"Ensina-nos a contar os nossos dias para que o nosso coração alcance sabedoria."

(Salmo 90:12)

NoviSalmo 16

A VELHICE IRÁ CHEGAR

A velhice irá chegar,
E a Deus peço, em oração,
Que jamais me deixe só
Nesses anos que virão.

A velhice irá chegar
Em mais dia, menos dia.
E é melhor nos prepararmos
Pra vivê-la com alegria.
Com mais calma nas andanças,
Orgulhosos das lembranças,
Isso é ter sabedoria!

A velhice traz mais tempo,
Diminui obrigações.
Sobra espaço pra fazermos
Mais sinceras orações.
Tempo bom para pensarmos
E melhor aprofundarmos
As nossas reflexões.

Mas escute, velho amigo,
Um conselho bem fraterno:
O conforto, na velhice,
Não é certo, nem eterno,
E eu concluo com um refrão:
Quem trabalha no verão
Junta lenha para o inverno.

A velhice irá chegar,
E a Deus digo nessa prece:
Quem te ama quando jovem
Ama mais quando envelhece.

❧ Quando somos jovens é quase inevitável que pensemos que aqueles anos tão cheios de energia, saúde e diversão um dia irão passar. E como passam rápido, viu?
Assim aconteceu comigo. Um dia me dei conta e percebi que já não me locomovia mais como antes, já não podia comer todos os pratos que sempre amei, nem enxergar sem meus óculos. Felizmente, ao longo dos anos, consegui me preparar e guardar alguma coisa para esses meses de inverno.
Reflitamos sobre isso. E, sobretudo, reflitamos AGORA, que ainda estamos no verão ou no outono de nossas vidas. E quem tem fé em Deus chega ao fim de seus dias muito mais tranquilo e realizado.

NoviSalmo 17

A PRECE DO VIAJANTE

Vou pedir a Deus, meu Pai,
Que receba essa mensagem,
Que me guarde e me proteja
Ao longo dessa viagem.

Que eu conheça outras terras
Com seus povos e culturas,
Que eu deguste novos pratos
Com deleites e farturas.

Que eu descanse do trabalho,
E das lutas tão renhidas.
Nesses dias de descanso,
Nessas férias merecidas.

Vou pedir a Deus, meu Pai,
Com carinho e com esperança
Pra partir e retornar
Ao meu lar com segurança.

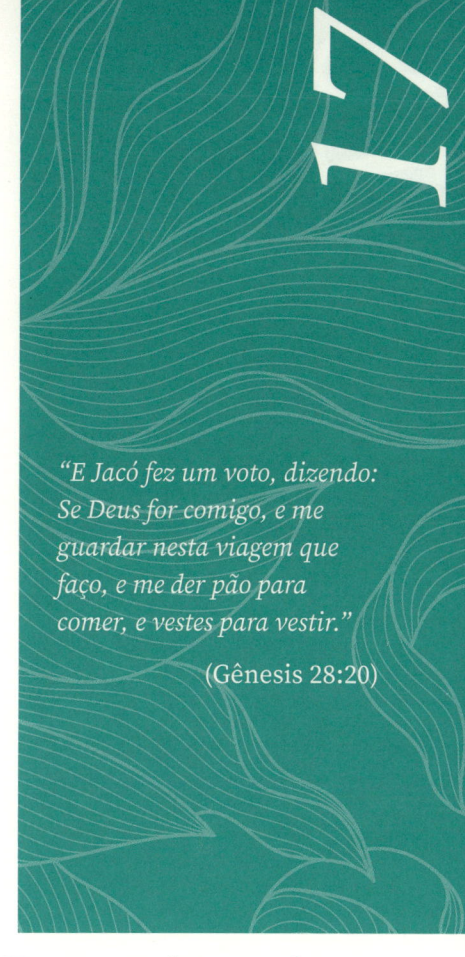

"E Jacó fez um voto, dizendo: Se Deus for comigo, e me guardar nesta viagem que faço, e me der pão para comer, e vestes para vestir."

(Gênesis 28:20)

Viajar não é despesa. É um investimento. Investimento em cultura e conhecimento. Conhecer outros povos e lugares é se dar conta de que não vivemos numa bolha e que Deus fez um mundo muito mais rico e complexo do que podemos imaginar se apenas conhecermos a aldeia em que vivemos.

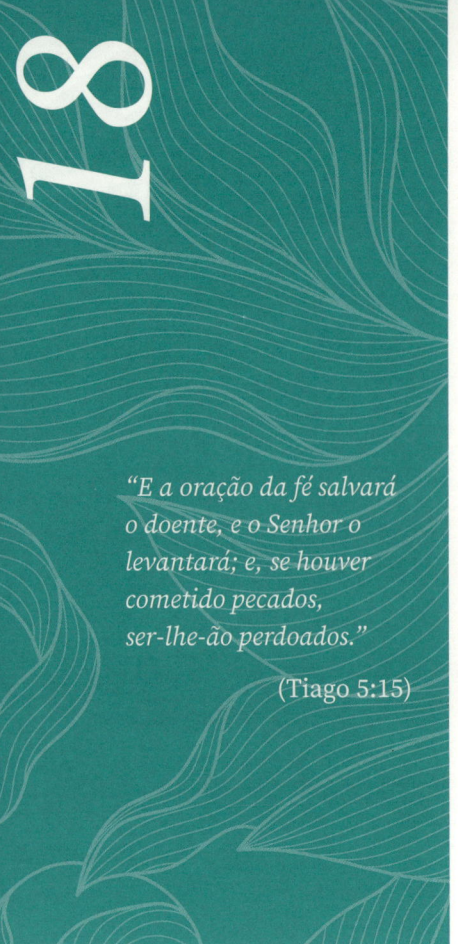

"E a oração da fé salvará o doente, e o Senhor o levantará; e, se houver cometido pecados, ser-lhe-ão perdoados."

(Tiago 5:15)

Não há bem mais precioso que a saúde. E é quando a perdemos que mais damos a ela seu devido valor. Quem não tem dor de dentes mal se lembra que os tem na boca. Por isso devemos orar a Deus para pedir por nossa recuperação – quando enfermos –, mas, constantemente, AGRADECER ao Pai todos os dias quando estamos plenamente saudáveis.

NoviSalmo 18

RECOBRAR A SAÚDE

Peço ao Pai sua atenção
Pra que venha e que me ajude
A restituir meus dias
De energia e de saúde.
Meu vigor perdido e a vida
Que eu gozava em plenitude.

Seja ainda em nosso mundo
Ou na Vida Eterna assim:
Que Deus cumpra a Sua vontade
E que esteja junto a mim
Abrandando e aliviando
Minhas dores até o fim.

Que a doença não impeça
Que nas horas de aflição,
De fraqueza e enfermidade,
Desconforto e privação
Nunca eu perca a fé profunda
Que preenche, ocupa e inunda
Minha alma de cristão.

NoviSalmo 19

PERDOAR A QUEM ME QUER MAL

Peço a Deus que abrande a ira
E a fúria descomunal
Que entorpecem meus sentidos
E que, assim, seja normal
Que eu jamais me desespere,
Que eu perdoe a quem me fere,
Quem me odeia e me quer mal.

Eis o ensinamento antigo:
Amem quem nos apedreja
Sendo ele assim quem seja,
Mesmo um pérfido inimigo.

Seja brando e tolerante,
Eis a chave de esperança.
Trate bem seus agressores
Com doçura e com bonança,
Com leveza e paciência,
Com a pureza e a inocência
De uma alma de criança.

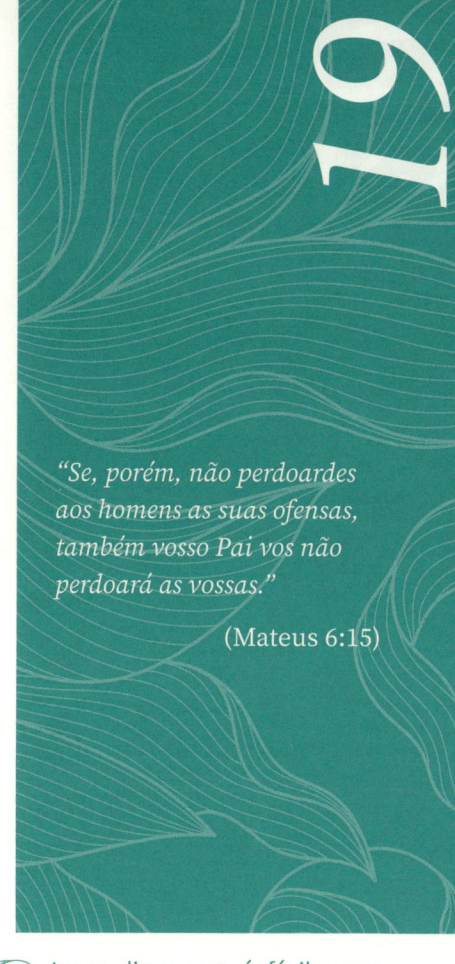

"Se, porém, não perdoardes aos homens as suas ofensas, também vosso Pai vos não perdoará as vossas."

(Mateus 6:15)

Jesus disse que é fácil amar quem nos quer bem. Até os brutos são capazes de ter carinho pelas pessoas que lhes são mais chegadas. Já o perdão é mais difícil. Mas ninguém pode se chamar verdadeiramente cristão se não aprender a cultivar esse preceito tão importante e virtuoso que Jesus nos deixou em seus ensinamentos. Reflitamos.

20

"Assim é aquele que para si ajunta tesouros, e não é rico para com Deus."

(Lucas 12:21)

Nunca ninguém – nem Salomão, o homem mais rico que existiu – conseguiu partir desse mundo levando uma mísera moedinha sequer consigo para o Além. Mas os que aqui acumulam tesouros espirituais, como o respeito a Deus, o perdão, o amor ao próximo, estão juntando capital que levarão consigo para usufruírem na Vida Eterna. Este tesouro será nosso para sempre. Não é um investimento muito mais seguro?

NoviSalmo 20

BENS MATERIAIS

De que vale ter riquezas,
Tesouros fenomenais?
Mil vaidades luxuosas
E prazeres sensuais,
Se sabemos, na verdade,
Que na paz da Eternidade
Não há bens materiais.

Ouro e prata são poeira
Pois não têm qualquer valor.
Aprendi que nada compram
Lá no Reino do Senhor.
São riquezas transitórias,
Passageiras, ilusórias,
Eis a lei do Criador.

Não preservem tais moedas
Em baús numa caverna,
Mas procurem preparar
Sua bagagem pra levar
Junto a si na Vida Eterna:
Alma limpa de pecados,
Atos justos praticados.
Eis a lei que nos governa!

◆◆◆

NoviSalmo 21 ⎯⎯⎯⎯⎯⎯⎯⎯⎯⎯

JULGAR O PRÓXIMO

Senhor Deus me fortaleça
E me impeça, nesse instante,
De agir com hipocrisia
Julgando meu semelhante,
Pois quem julga um nosso irmão
É também julgado e então
Isso é fato inquietante.

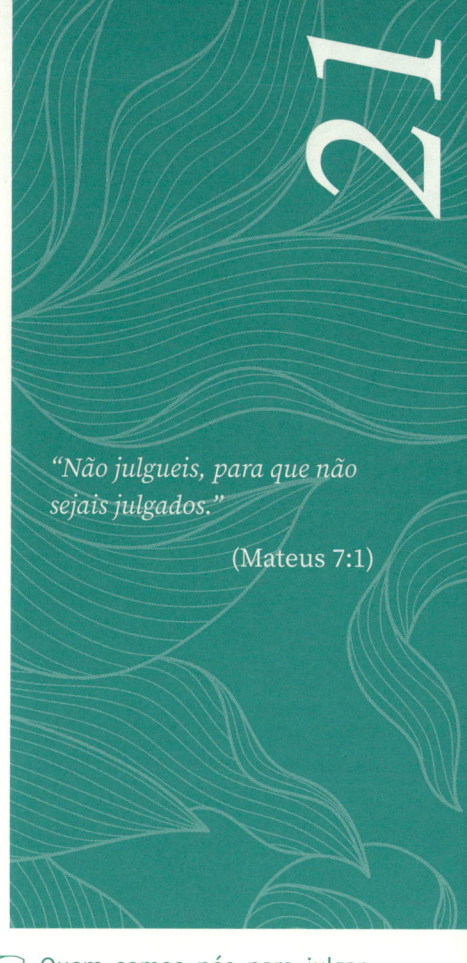

"Não julgueis, para que não sejais julgados."

(Mateus 7:1)

Quem somos nós para julgarmos um irmão? Por acaso somos tão puros assim? Quem tudo vê é o Senhor e só Ele sabe o que fazemos ou deixamos de fazer. Só Ele tem o título de magistrado e o poder de nos julgar sem parcialidade. Como pode, então, um pecador querer opinar sobre a conduta de um outro pecador? E aí nos lembramos daquele antigo ditado: é o sujo querendo falar do mal lavado, não é mesmo?

NoviSalmo 22

ROBUSTA BASE

Em robusta base eu quis
Minha casa edificar.
Não a fiz em areia fofa
(Tão mais fácil de furar),
Pois a areia não aguenta,
E uma obra não sustenta,
Ela vai desmoronar.

O alicerce fiz de fé,
As paredes, de oração.
Fiz os quartos espaçosos
Como amplo é o coração
De Deus Pai onipotente,
Que, amoroso, acolhe a gente
Com amor e compaixão.

Construir sobre o granito,
Sobre a rocha forte e dura,
É viver seguindo o exemplo
De Jesus, com sua brandura.
É fazer somente o Bem,
É temer a Deus, amém,
Eis a fonte de água pura!

◆◆◆

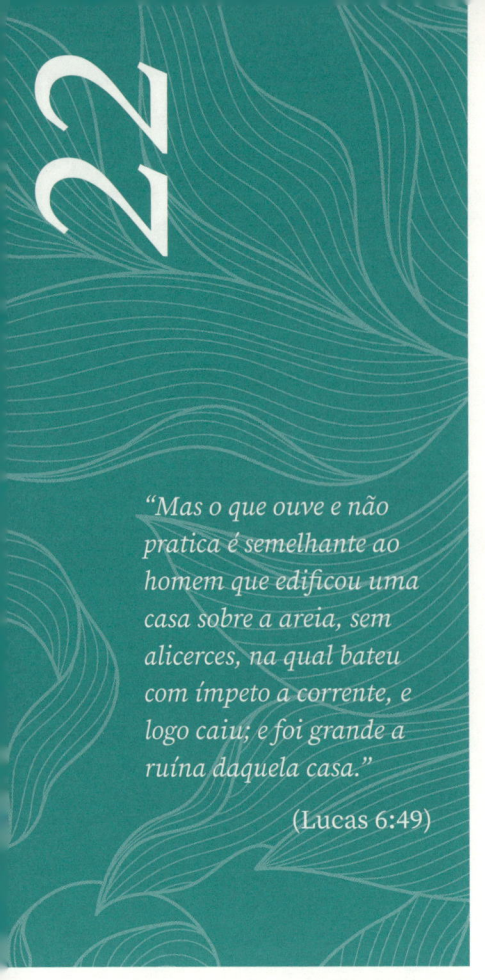

"Mas o que ouve e não pratica é semelhante ao homem que edificou uma casa sobre a areia, sem alicerces, na qual bateu com ímpeto a corrente, e logo caiu; e foi grande a ruína daquela casa."

(Lucas 6:49)

Construir em terreno macio e fofo é muito mais fácil que cavar alicerces tendo que furar e erguer colunas sobre uma rocha de granito. Sim, dá menos trabalho e a casa vai ficar pronta em muito menos tempo, além de ficar mais barata. Mas será que as duas irão durar o mesmo tempo? E qual delas resistiria melhor aos ventos e tempestades? Será que às vezes o barato não sai caro? Viver a vida seguindo os preceitos de Jesus pode nos exigir mais disciplina e mais esforço, mas será que no fim nossa recompensa não será muito mais plena? Reflitamos.

NoviSalmo 23

A SANTA CEIA

Venha a nós a Santa Ceia,
Pão e vinho da aliança
Alimento para o corpo
Que pra alma traz sustança.
Comunhão com o Criador,
Com Jesus, meu Salvador,
Fonte eterna de esperança.

Venha a nós a Santa Ceia,
Banquete que nos sacia,
Nos reúne e aproxima,
Nos faz plenos de alegria.
Corpo e sangue de Jesus,
Que, morrendo numa cruz,
Assim nos libertaria.

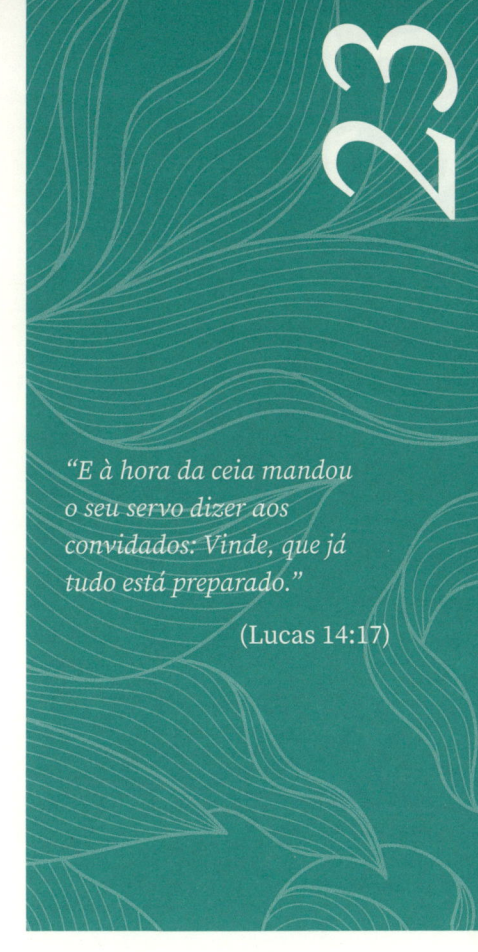

◆◆◆

"E à hora da ceia mandou o seu servo dizer aos convidados: Vinde, que já tudo está preparado."

(Lucas 14:17)

Jesus é o pão espiritual que sacia a fome das nossas almas e o doce vinho que mata nossa sede de Vida Eterna. Estar com Ele é ser convidado para o banquete mais suntuoso que podemos imaginar, é fartar-se do maná dos céus, do leite quente e do mel abundante da Terra Prometida.

NoviSalmo 24

MINISTÉRIO DA POESIA

Eis o Ministério livre
Da Palavra que nos guia
Em modernos salmos feitos
Em formato de poesia.
Tudo em português rimado,
Evangelho versejado
Com capricho e maestria.

No princípio veio o verbo
Falando de terra e céu.
Então vamos divulgá-lo
E assim diz o menestrel:
– *A Deus peço, com certeza,*
Que eu escreva com clareza,
Minhas rimas de cordel.

◆◆◆

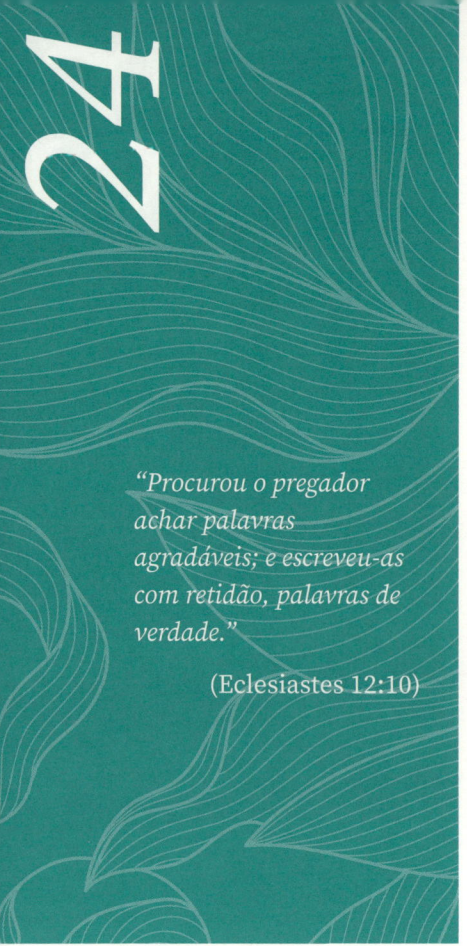

"*Procurou o pregador achar palavras agradáveis; e escreveu-as com retidão, palavras de verdade.*"

(Eclesiastes 12:10)

Que alegria poder contar com a inspiração divina para criar poemas e louvar ao Pai e ao seu Filho amado. Quero dar minha singela contribuição para espalhar a Palavra de Deus pelo mundo e a Ele peço clareza e boas rimas.

NoviSalmo 25

FAÇA O BEM DE CORAÇÃO

Quem só faz o Bem pensando
No que, em troca, vai ganhar
Age e pensa de uma forma
Que devemos reprovar,
Pois é um mero investimento
Que retorna ao avarento,
E ele um dia irá cobrar.

Faça o Bem só pelo Bem.
Faça o Bem de coração.
Nunca peça e nunca espere
Pela retribuição.
Isso alegrará o Senhor,
Isso, sim, te dá valor
E te leva à Salvação.

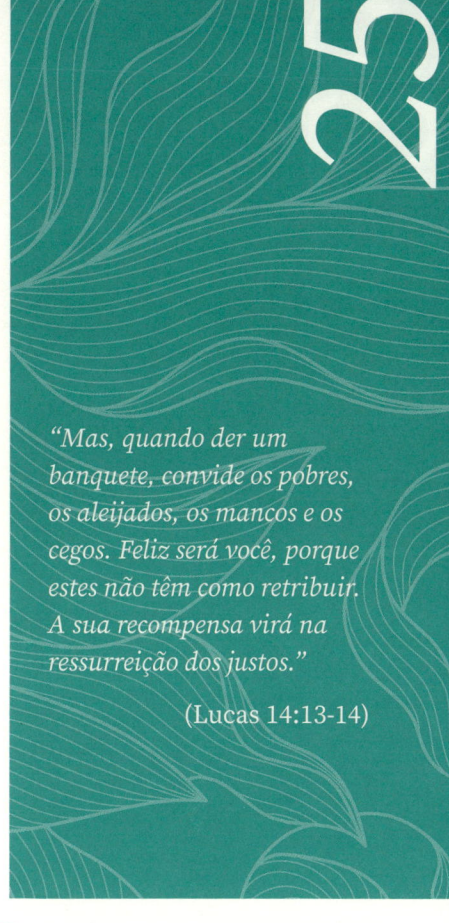

◆◆◆

"Mas, quando der um banquete, convide os pobres, os aleijados, os mancos e os cegos. Feliz será você, porque estes não têm como retribuir. A sua recompensa virá na ressurreição dos justos."

(Lucas 14:13-14)

Se oferecemos algo nosso e esperamos pagamento de quem o recebe, esse ato deixa de ser uma doação e passa a ser considerado uma troca comercial, uma venda disfarçada de boa ação. Pode enganar muita gente, mas assim será aos olhos de Deus. O ato que realmente tem valor é a doação desinteressada, que, de preferência, nem deve ser divulgada ao mundo. Façamos o Bem sem alarde e sem nada esperar em troca.

NoviSalmo 26

OBRIGADO, JESUS CRISTO

Obrigado, Jesus Cristo,
Por sua missão cumprida,
Por seu sacrifício e morte,
Morte rara, que deu vida.

Obrigado, Jesus Cristo,
Por belíssimas lições
De pura sabedoria,
E clareza nos sermões.

Obrigado, Jesus Cristo,
Pelo exemplo de valor,
Pelo alcance de suas falas,
E seu rijo destemor,
Resgatando a humanidade
Pela força da bondade
E da fé no Criador.

◆◆◆

"E o testemunho é este: Deus nos deu a vida eterna. E ela está em seu Filho. Quem tem o Filho tem a vida."

(1 João 5:11-12)

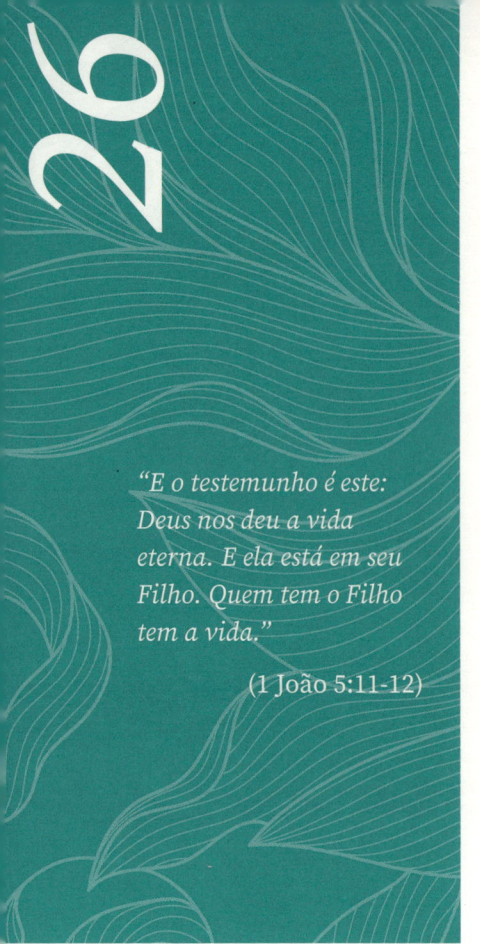

Ter Jesus em nossas vidas é uma dádiva, um presente do céu. Como não se apaixonar por quem doou a própria vida para perdoar nossos pecados? Por quem nos deixou tantas mensagens de amor e palavras de sabedoria? Por quem abraçou, curou e deu esperanças aos humildes e sofredores? Eu mesmo não conseguiria imaginar minha vida sem Ele. E vocês?

NoviSalmo 27

JESUS VOLTARÁ

Eu pressinto que Jesus
Muito em breve irá voltar.
Os sinais são muito claros,
Nós podemos confiar.
Virá logo, afirmo eu,
Pois o Pai nos prometeu
Nosso mundo endireitar.

Dará jeito na bagunça,
Porá fim na iniquidade,
Recompensará os justos,
Punirá toda maldade.
Indo mais além, até,
Salvará os que têm fé
E os que creem de verdade.

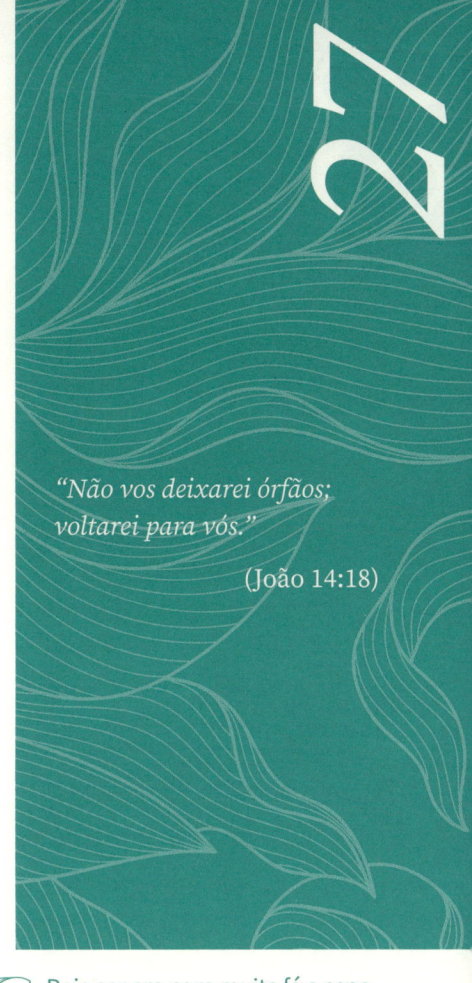

◆◆◆

"Não vos deixarei órfãos; voltarei para vós."

(João 14:18)

Pois espero com muita fé e esperança por essa volta anunciada. É a promessa mais aguardada, que foi dita e repetida em tantas passagens da Bíblia. Se Ele ressuscitou dos mortos uma vez, por que não o faria pela segunda vez? Se Ele nos salvou no passado, por que não salvaria novamente os que n'Ele creem e vivem suas vidas seguindo os preceitos que Ele mesmo nos ensinou? Reflitamos juntos.

NoviSalmo 28

DEUS PROTEJA OS PEQUENINOS

Deus proteja os pequeninos
E as crianças inocentes
Criaturas de pureza
E sorrisos tão frequentes.
O Reino de Deus alcança
Quem traz alma de criança
Em seus corações e mentes.

◆◆◆

"Naquele momento, os discípulos chegaram a Jesus e perguntaram: 'Quem é o maior no Reino dos Céus?' Chamando uma criança, colocou-a no meio deles, e disse: 'Eu asseguro que, a não ser que vocês se convertam e se tornem como crianças, jamais entrarão no Reino dos Céus. Portanto, quem se faz humilde como esta criança, este é o maior no Reino dos Céus.'"

(1 João 5:11-12)

A pureza e a inocência das crianças são a síntese de tudo de bom que Cristo nos ensinou. Uma criança é sincera. Não mente para nos agradar e mostra suas preferências abertamente.

NoviSalmo 29

PODERIA ESTAR PIOR

Se as coisas não andam bem
Oro e digo assim de cor:
*– Obrigado, Deus, pois tudo
Poderia estar pior.*
A tormenta vai ter fim
Calmaria virá, sim,
Pois meu Deus é bem maior.

Tempestades são da vida,
Todos sabem que assim é.
Venha chuva ou vento forte
O cristão resiste em pé
Pois se apoia firmemente
Em Deus Pai onipotente
Que está junto a quem tem fé.

Agradeço e peço pouco
Pois não sou de ingratidão.
Penso e oro por aqueles
Que piores que eu estão.
Me conformo com minha carga,
Tenho um Deus que não me larga
Nem solta a minha mão.

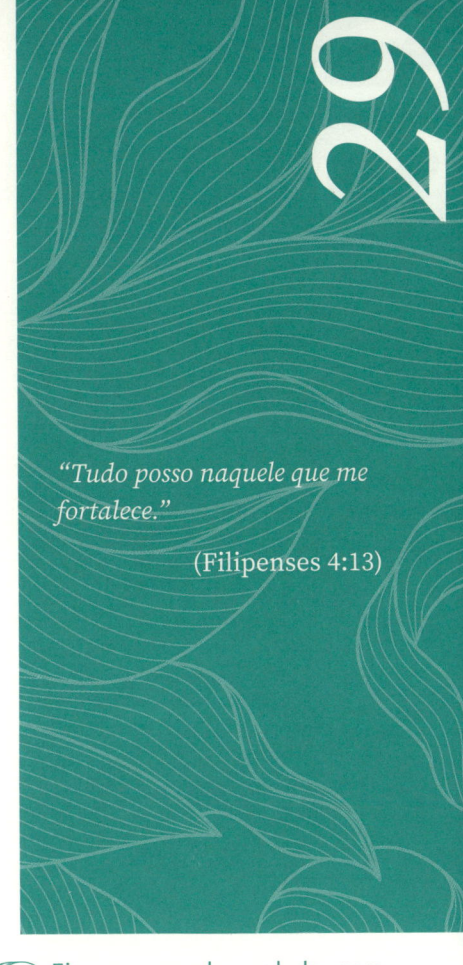

◆◆◆

"Tudo posso naquele que me fortalece."

(Filipenses 4:13)

Eis uma grande verdade: para os que creem em Deus, a tempestade pode ser violenta, pode durar bastante, mas uma hora vai passar e o sol tornará a brilhar no céu azul das nossas vidas. Pois a alegria vence a tristeza, a justiça sempre suplanta a iniquidade e a saúde que Deus nos dá é mais forte que qualquer doença. Tenham fé, pois, quando menos percebermos, a doença estará longe de nós nessa vida ou na Vida Eterna. O que dizem?

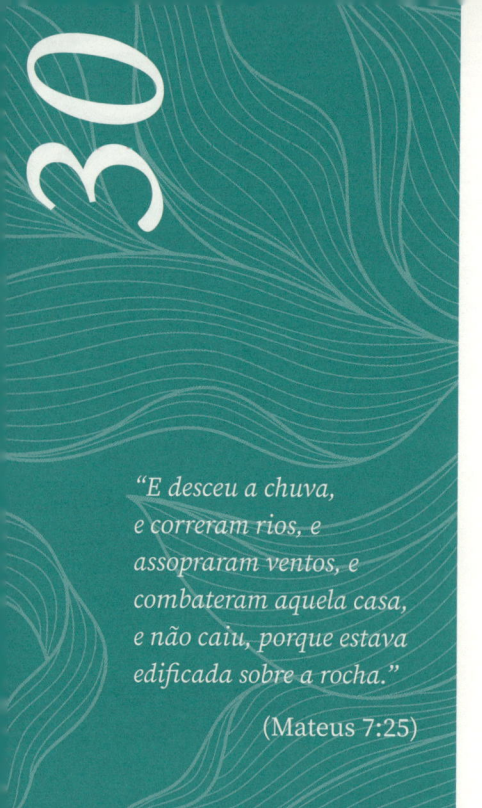

"E desceu a chuva, e correram rios, e assopraram ventos, e combateram aquela casa, e não caiu, porque estava edificada sobre a rocha."

(Mateus 7:25)

Imaginem um elefante com pezinhos de esquilo. Uma águia poderosa com asas de beija-flor. Um trator de toneladas sobre rodas de bicicleta. Assim é a casa construída sobre uma base fraca. Assim é o homem que se acha poderoso; mas, sem pensar na Vida Eterna, um dia verá tudo o que construiu afundar na areia junto com ele próprio.

Da mesma forma, certas igrejas também se erguem sobre alicerces fracos. Muito show, muita dancinha, pregações espetaculosas e pouco, muito pouco estudo e conhecimento sobre a Palavra do Senhor.

NoviSalmo 30

A CASA NA ROCHA

Bem-aventurado seja
O que faz sua fundação
Sobre a rocha dura e firme
Que sustenta a construção,
Que ignora o vento norte
Resistindo firme e forte
Ao mais bruto furacão.

Bem-aventurada a igreja
Lastreada na verdade,
Na fé pura e genuína
Na sincera honestidade
No exemplo que conduz
O fiel rumo a Jesus
E aos portões da eternidade.

A Casa da Rocha é firme
Não foi feita sobre areia
Não cai fácil ou desmorona
Nunca afunda, nem bambeia.
E reúne, sem surpresa,
Gente simples em sua mesa
Como Cristo fez na Ceia.

◆◆◆

NoviSalmo 31

QUEM SERIA EU?

Quem seria eu sem fé?
Quem seria eu sem luz
Quem seria eu sem Cristo
Que por mim sofreu na cruz
E que fez com que minha vida
Valha a pena ser vivida,
Ele guia e me conduz.

Quem seria eu sem Cristo?
Sem seus bons ensinamentos?
Sem o exemplo que desperta
Meus mais puros sentimentos?
Eu respondo e não me arrisco:
Eu seria um mero cisco
Carregado pelos ventos.

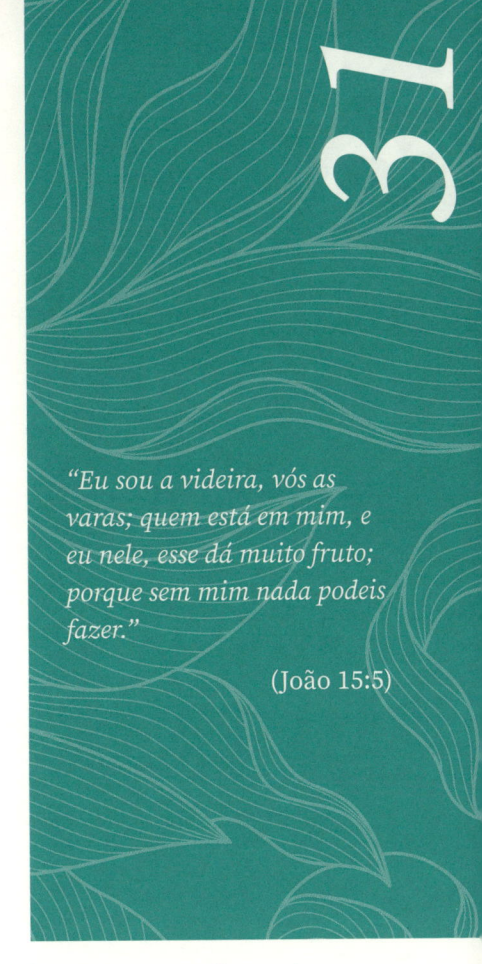

◆◆◆

"Eu sou a videira, vós as varas; quem está em mim, e eu nele, esse dá muito fruto; porque sem mim nada podeis fazer."

(João 15:5)

Olhe ao seu redor e veja a quantidade surpreendente de pessoas sem rumo, perdidas na vida sem um objetivo, sem motivação. Já as que creem na Vida Eterna, em futuro em outro plano, levam vidas mais equilibradas e norteadas pelos ensinamentos que o Filho de Deus nos deixou em sua breve passagem pela Terra. Quando abraçamos a Fé em Deus, nossas vidas e nossas ações passam a ser partes de um projeto maior. E mesmo nossos reveses, preocupações e dores se tornam mais suportáveis se sabemos que tudo acabará bem no final do filme!

NoviSalmo 32

VIM AQUI PRA DIVIDIR

Jesus mesmo nos falou:
– Vim aqui pra dividir.
E nem todos captaram
O que eu quis lhes transmitir.
É mensagem diferente
Que é capaz de, facilmente,
Mais os homens confundir.

Perdoar a meus inimigos?
Como pode coisa assim?
Dar a face a quem me bate?
Isso é duro, duro sim!
Ter amor a quem me odeia,
A quem, rude, me estapeia
E maltrata o meu jardim?

É conselho inusitado,
Questionado e pouco ouvido
Que requer esforço e calma
Para ser, por nós, seguido:
"Não se zangue com ninguém,
Pague o Mal fazendo o Bem,
E por Deus será querido."

◆◆◆

"Não cuideis que vim trazer a paz à Terra; não vim trazer paz, mas espada; porque eu vim pôr em dissensão o homem contra seu pai, e a filha contra sua mãe, e a nora contra sua sogra."

(Mateus 10:34-35)

Sim, Jesus mais uma vez estava coberto de razão: suas mensagens de amor, de fé e de esperança, por incrível que pareça, também causam profundas divisões entre os homens. As guerras e perseguições por motivos religiosos estão até hoje pipocando pelo mundo. Famílias se racham, pontes são queimadas e muito tempo e energia são desperdiçados em fúteis discussões, mesmo entre os próprios cristãos. Isso é triste. A hora, agora, é de nos unirmos para que, em cooperação, possamos melhor combater o Inimigo. Alô, católicos, alô, metodistas, adventistas, presbiterianos, batistas, pentecostais e tantos outros irmãos de fé, vamos nos dar as mãos e unir nossas lanças e escudos para combater o Maligno, o Tentador dos fracos e indecisos!

NoviSalmo 33

O LIVRO DA VIDA

Ai, que bom seria eu ter
Essa Graça concedida:
Ver meu nome escrito em ouro
No livro da Eterna Vida
Para assim estar com Deus
E passar os dias meus
Na paz doce e merecida.

Pra que o sonho se realize
Devo muito me esforçar:
Quero a Lei de Deus seguir
Sem dela me desviar.
Quero ser mais praticante,
Mais piedoso e tolerante
Pra do Pai me aproximar.

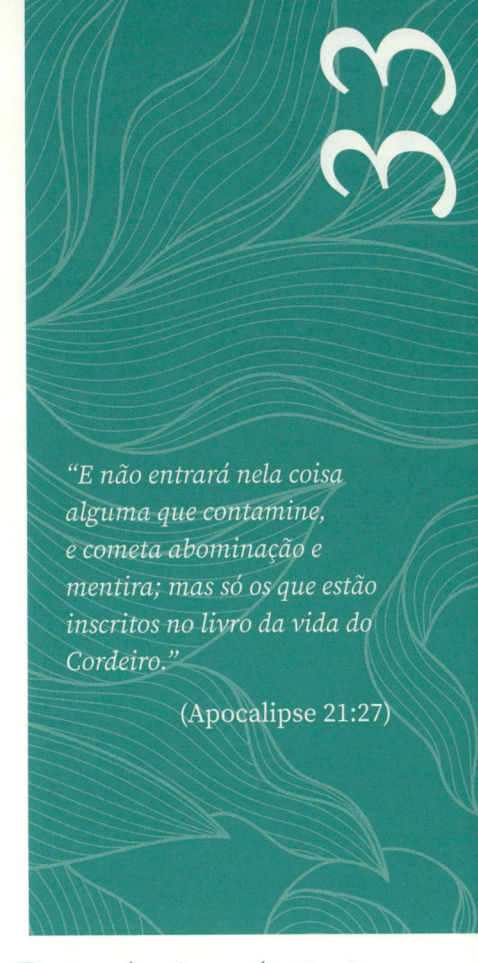

◆◆◆

"E não entrará nela coisa alguma que contamine, e cometa abominação e mentira; mas só os que estão inscritos no livro da vida do Cordeiro."

(Apocalipse 21:27)

Ninguém alcançará a Paz Eterna, nem chegará ao Reino dos Céus, se não tiver seu nome escrito no Livro da Vida. E o nosso nome só estará lá se fizermos por merecer. São os atos, atitudes, pensamentos e escolhas que fazemos aqui na nossa vida terrena que determinarão nosso futuro no além. Reflitamos sobre isto…

> "Tudo o que fazem é para serem vistos pelos homens. Eles fazem seus pergaminhos de oração bem largos e as franjas de suas vestes bem longas; gostam do lugar de honra nos banquetes e dos assentos mais importantes nas sinagogas."
>
> (Mateus 23:5-6)

NoviSalmo 34

APARÊNCIAS

De que vale estar no templo
Aos domingos, bem faceiro,
E não seguir a Palavra
Em sua vida o tempo inteiro?

De que vale dar ofertas,
Cantar hinos de louvor,
Se você não segue e trilha
Os caminhos do Senhor?

Aparências são somente
Aparências, nada mais.
Não enganam o Pai Celeste,
Não iludem Deus jamais.
São colunas sem sustento,
Poeira jogada ao vento,
Que nenhum proveito traz.

❖❖❖

As palavras mais duras que Jesus proferiu em sua passagem pelo nosso mundo foram para condenar os hipócritas e os que tentam iludir os outros com aparências que não condizem com a sua verdadeira natureza. Gente que finge ser quem não é e que exige dos outros condutas que ela própria não pratica. Esses podem até enganar a maioria dos homens, mas jamais a Deus, que tudo vê e tudo sabe.

NoviSalmo 35

A MENTE OCIOSA

Ter projetos e tarefas
É fugir da depressão,
Pois a mente motivada,
Sempre ativa e atarefada,
Traz alento ao coração.

Ociosidade é falta
De coragem, de energia.
É balão de gás furado
Que de vento se esvazia.
A mente ociosa traz
Alegria a Satanás
E a Deus muito contraria.

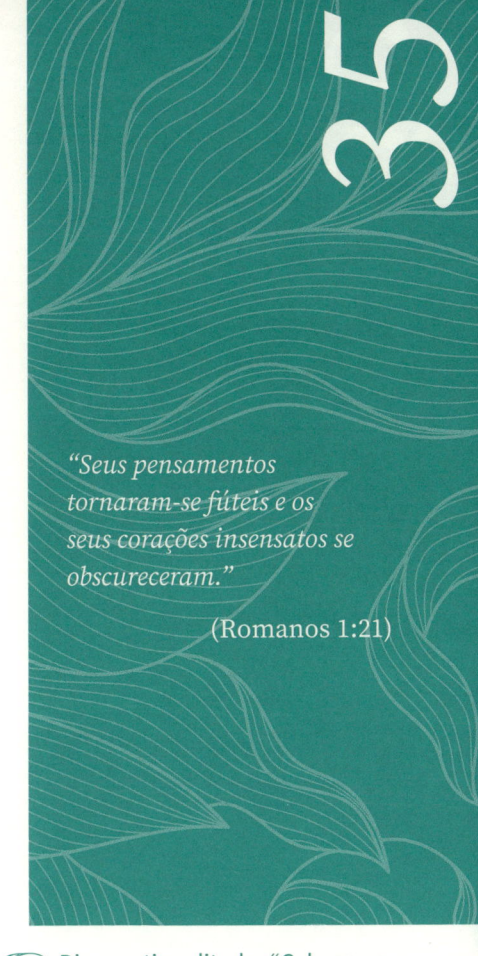

◆◆◆

"Seus pensamentos tornaram-se fúteis e os seus corações insensatos se obscureceram."

(Romanos 1:21)

Diz o antigo ditado: "Cabeça vazia é oficina do Capeta." Quem não tem uma ocupação, um hobby, um objetivo na vida começa a pensar besteiras, a perder o ânimo e a motivação para viver. Quem tem uma obra a concluir, uma tarefa a finalizar já acorda bem- disposto e com energia para dar andamento ao que iniciou. Ocupe sua mente e você estará afastando o Rabudo de tridente!

NoviSalmo 36

ESCOLHIDOS

Muitos, sim, serão chamados
Mas nem todos escolhidos.
Pra morar junto a Deus Pai,
Requisitos são pedidos:
Ser exemplo de cristão,
Crer com fé na Salvação
E a Palavra dar ouvidos.

◆◆◆

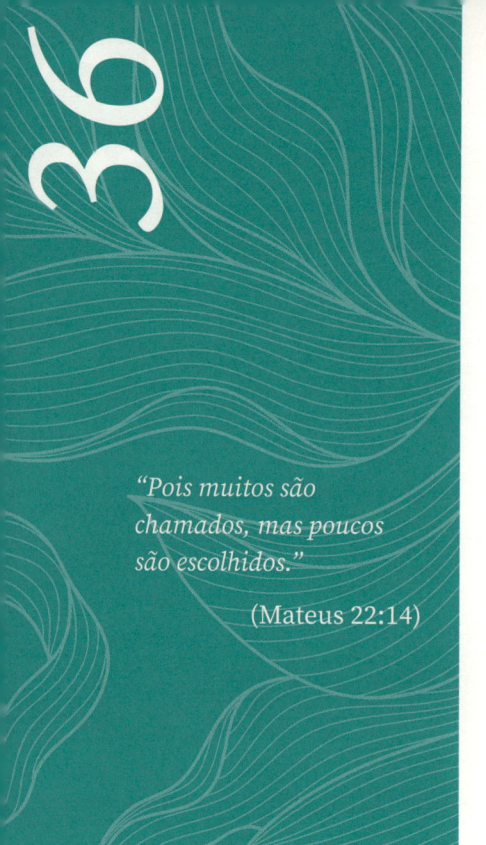

"Pois muitos são chamados, mas poucos são escolhidos."

(Mateus 22:14)

Não basta só querer estar junto a Deus na Vida Eterna. É preciso merecer esta Bênção. Como? Fazendo as escolhas certas ao longo de nossas vidas, cumprindo os preceitos da doutrina cristã, praticando o Bem e se afastando dos caminhos do Mal. Amando a Deus e ao próximo, cultivando o amor e a fé na Salvação.

NoviSalmo 37

ALIVIAR A CARGA

Não peça que Deus te entregue
A colheita já ceifada,
Antes peça-lhe sementes
E energia redobrada
Pra você mesmo plantar,
Cuidar bem e ver brotar
A sua roça desejada.

Não peça que Deus te poupe,
Ao Senhor não peça, então,
Que Ele leve sua bagagem
Ou sua carga, caro irmão.
Pois jamais se deve orar
A Deus Pai pra nos poupar
Do que for nossa missão.

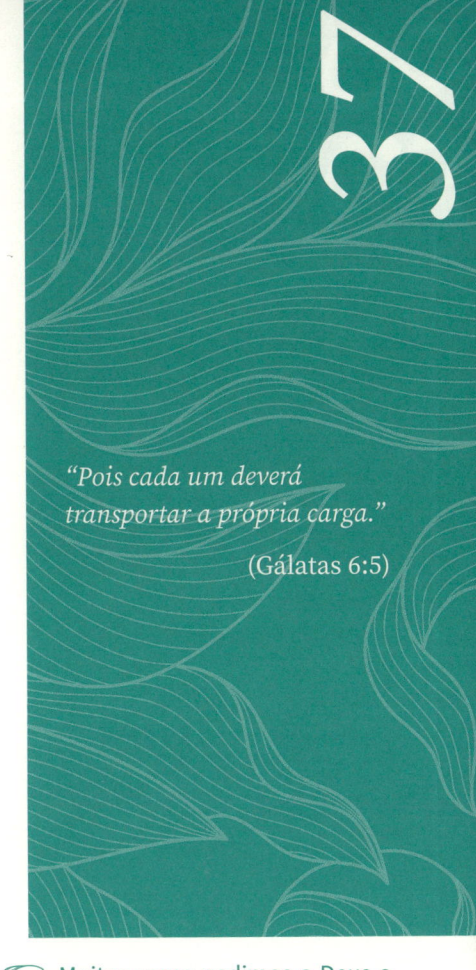

◆◆◆

"Pois cada um deverá transportar a própria carga."

(Gálatas 6:5)

> Muitas vezes pedimos a Deus o que nos parece mais cômodo: que Ele simplesmente nos tire o fardo pesado que trazemos nas costas e que o carregue para nós. No entanto, seria, talvez, mais sensato pedir-Lhe forças, energia e determinação para que possamos, nós mesmos, suportar esse peso com maior disposição e coragem. Não fujamos de nossas responsabilidades!

NOVISALMO 38

NOVA JERUSALÉM

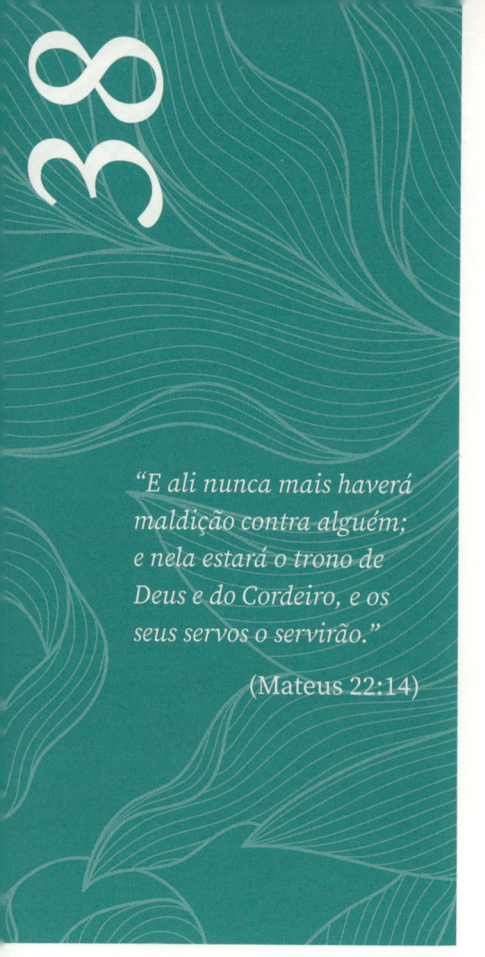

"E ali nunca mais haverá maldição contra alguém; e nela estará o trono de Deus e do Cordeiro, e os seus servos o servirão."

(Mateus 22:14)

> Se tem um capítulo da Bíblia que jamais me canso de reler é o Apocalipse 22. Ele mexe com meus sonhos e renova minhas esperanças para o futuro da humanidade. Peço todo dia a Deus que me inspire a fazer as escolhas certas para que, um dia, eu possa habitar a cidade deslumbrante que nos foi prometida na profecia ditada por Jesus ao apóstolo João.

Ai que bom que se cumprisse
Sem demora a profecia.
Da Nova Jerusalém,
Ai, que bom que isso seria!
Está dito em 22
Do Apocalipse, pois
É o raiar de um novo dia.

Imagine uma cidade
Deslumbrante, sem igual,
Onde a lei de Deus impera
Onde o Bem sumiu com o Mal.
Onde não se vê mais dor
Pela Graça do Senhor,
Seu Governador-Geral.

De sua fonte inesgotável
Jorra o farto Rio da Vida.
Água pura e cristalina
Que, por nós, será bebida
Junto ao mel, ao leite e ao pão.
E mil frutas de estação
De doçura desmedida.

Ó, cidade abençoada
De ouro puro e fino jade.
Sem pobreza, sem violência,
Sem tristeza e enfermidade.
Sem mazelas, sem tormentos,
Privações e desalentos,
Sem mentira e falsidade.

Eis o mais perfeito lar
Para um dia se viver,
Mas pra lá somente irá
Quem fizer por merecer.
Ó, Nova Jerusalém,
Quando é que você vem?
Queremos te conhecer!

◆◆◆

NoviSalmo 39

SEM ESFORÇO

Muitos buscam a Vida Eterna
Sem largar seu luxo ou vício.
Querem ter sua recompensa
Sem esforço ou sacrifício.
É gente que diz assim:
– *Quero ir direto ao fim*
Sem participar do início.

Só que tudo tem seu preço
Nada é grátis nessa vida.
Não se chega à Vida Eterna
Sem a Lei de Deus cumprida,
Sem ter fé no que na cruz
Nos salvou e que é Jesus,
É verdade bem sabida!

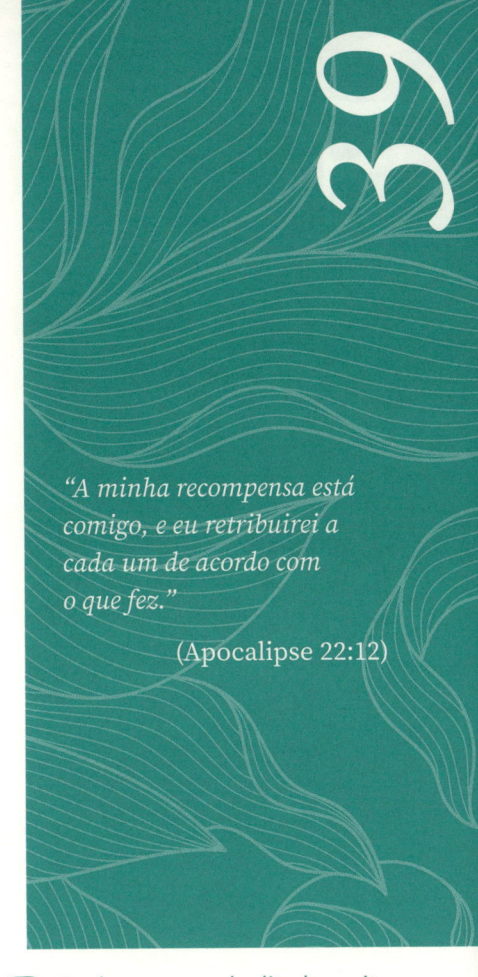

◆◆◆

"A minha recompensa está comigo, e eu retribuirei a cada um de acordo com o que fez."

(Apocalipse 22:12)

Conhecem aquele ditado muito acertado que diz: "na vida não existe almoço grátis"? Pois bem, nem na vida terrestre, nem na Vida Eterna. Deus só dará a Divina Recompensa a quem fizer por merecer. Aceitar Jesus é renunciar a um estilo de vida e assumir um outro, muitas vezes completamente oposto ao que nós tínhamos e praticávamos. A isto Jesus chamou de renascer.

NoviSalmo 40

APOCALIPSE

O livro do Apocalipse
Vem na Bíblia, no final.
É cercado de mistérios,
Muita gente o entende mal.
Tem passagens tenebrosas,
Profecias escabrosas
E um desfecho sem igual.

Mas, leitor, não se apavore,
Leia o livro e diga: Amém!
Se o início nos assusta,
Seu final termina bem
Com a vitória triunfal
Da Bondade sobre o Mal
Na Nova Jerusalém.

◆◆◆

"E ali não haverá mais noite, e não necessitarão de lâmpada nem de luz do sol, porque o Senhor Deus os ilumina; e reinarão para todo o sempre."

(Apocalipse 22:5)

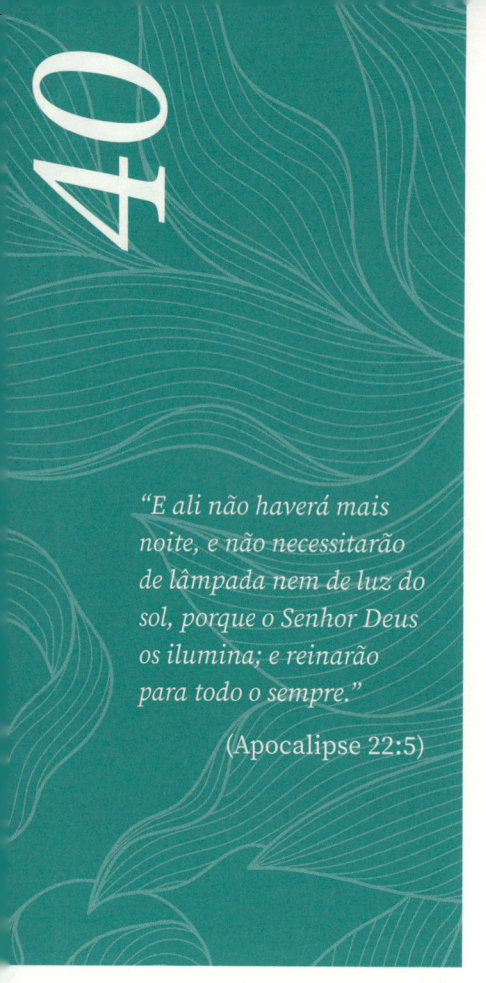

Eis o livro mais incompreendido – e temido – da Bíblia. É o último de todos e o que nos fala dos eventos impressionantes que acontecerão no Fim dos Tempos. Muitos temem lê-lo. Sua linguagem é misteriosa e repleta de simbolismos, catástrofes e monstros tenebrosos, mas seu final traz a mensagem de esperança mais poderosa das Sagradas Escrituras: o Bem vencerá o Mal!

NoviSalmo 41

DOIS SENHORES

Ninguém ama dois senhores
Com afeto e igual presteza.
Ou servimos ao Deus Pai
Ou ao luxo e à riqueza.
Serei servo do dinheiro?
Ou do Mestre verdadeiro?
Escolhamos, com certeza.

◆◆◆

"Ninguém pode servir a dois senhores, pois odiará a um e amará o outro, ou se dedicará a um e desprezará o outro. Vocês não podem servir a Deus e ao dinheiro."

(Mateus 7:24)

Certas atitudes na nossa vida não aceitam nuances ou tons de cinza. Têm que ser branco ou preto, sim ou não. Ou você segue o caminho do dinheiro e do acúmulo de bens materiais, ou escolhe o caminho da simplicidade, da moderação e da misericórdia. Isso não quer dizer que ter dinheiro é necessariamente um mal. O dinheiro adquirido por meio do esforço pessoal e do trabalho duro é uma recompensa justa e merecida. A questão é não nos tornarmos escravos da ganância e da ânsia de aumentar desmedidamente nossos tesouros terrenos esquecendo das riquezas espirituais que levaremos conosco para a Vida Eterna.

NoviSalmo 42

DUAS PORTAS

É bem ampla e larga a porta
Que nos leva à perdição.
Por ela se passa fácil,
Sem esforço ou privação,
Rumo à vida desregrada,
À orgia escancarada
E à certeira Danação.

Já a outra porta é
Muito estreita e apertada
E requer pureza e fé
Pra que seja atravessada.
Mas só ela nos conduz
Ao reinado de Jesus,
Ao Senhor em sua morada.

Ir às trevas custa pouco,
A viagem não é cara.
O errado nos vem fácil,
Mas o certo é pedra rara!

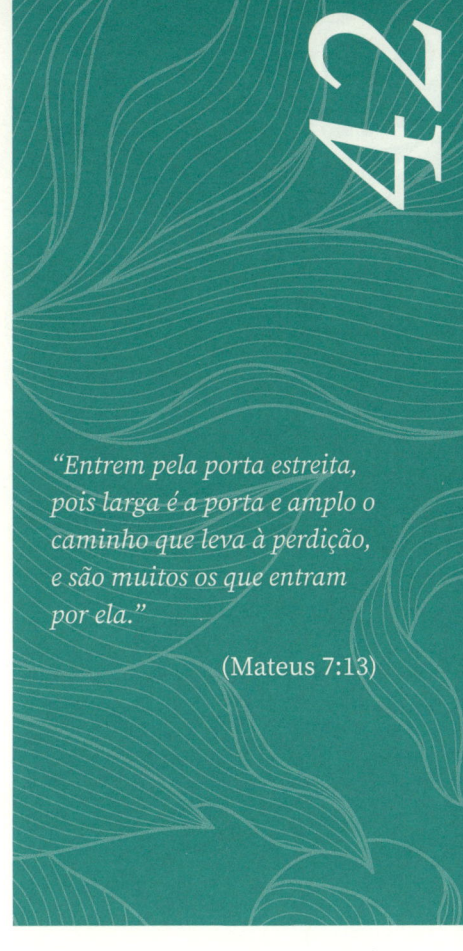

◆◆◆

"Entrem pela porta estreita, pois larga é a porta e amplo o caminho que leva à perdição, e são muitos os que entram por ela."

(Mateus 7:13)

Passar por uma porta larga é sempre mais fácil do que se espremer por uma estreita. O caminho da primeira é plano, bem pavimentado e cheio de atrativos. O da porta estreita é áspero, pedregoso e exige cuidado e disciplina do viajante. Mas o importante é averiguar a qual destino chegaremos ao final de cada caminho. Ao Reino do Fogo Eterno, ou ao Reino da Salvação? Às caldeiras do inferno ou aos Jardins Celestiais?

43

> *"E, quando orarem, não fiquem sempre repetindo a mesma coisa, como fazem os pagãos. Eles pensam que por muito falarem serão ouvidos. Não sejam iguais a eles."*
>
> (Mateus 6:7-8)

NoviSalmo 43

AO FALAR COM DEUS

Ao falar com Deus, não faça
De memória uma oração
Pronunciando-a muitas vezes
Sem prestar muita atenção,
Pois são fórmulas batidas
Quase sempre repetidas
Sem fervor, sem emoção.

Conversar com Deus é ato
De profunda intensidade
Entre o homem e o Divino
Em total privacidade.
Requer foco concentrado
Pra alcançar bom resultado
E ser útil de verdade.

◆◆◆

Qual o sentido de "decorar" as palavras de uma oração e repeti-las centenas, milhares de vezes? O automatismo faz com que simplesmente deixemos de prestar atenção ao que falamos a Deus. Oração é um diálogo, uma conversa particular, um encontro presencial e direto com o nosso Pai Celeste. Evitemos fórmulas prontas. Falemos com Ele usando nossas próprias palavras e Ele ficará muito mais satisfeito. E não nos alonguemos também. É melhor falar pouco e sempre do que muito somente de tempos em tempos.

NoviSalmo 44

FRUTOS DOCES

Ninguém colhe frutas doces
Se a fruteira não for boa.
Tudo tem sua causa e efeito,
Nada existe assim, à toa.
Ser mais justo e mais direito,
Mais correto e mais perfeito,
Só depende da pessoa.

Quero ser um arbusto bom
No pomar do Criador.
E sentar-me junto a Ele
Por meus atos de valor.
Quero produzir no céu
Frutos doces como o mel
Se pra lá um dia eu for.

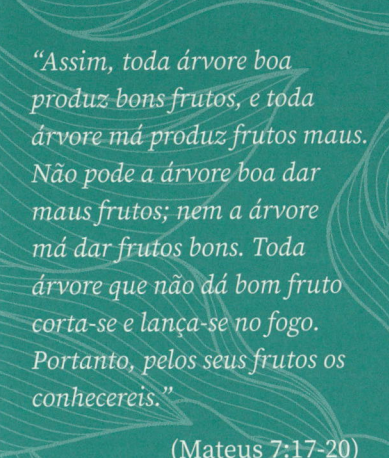

◆◆◆

"Assim, toda árvore boa produz bons frutos, e toda árvore má produz frutos maus. Não pode a árvore boa dar maus frutos; nem a árvore má dar frutos bons. Toda árvore que não dá bom fruto corta-se e lança-se no fogo. Portanto, pelos seus frutos os conhecereis."

(Mateus 7:17-20)

Essa comparação com árvores e frutos é simplesmente perfeita. Se somos árvores boas e produzimos frutos doces, quem pensaria em nos cortar? Sim, os invejosos, somente. Mas Deus não conhece a inveja e é claro que Ele ficará profundamente satisfeito em levar somente as boas árvores para plantá-las em seus jardins celestes, não é mesmo?

Já os arbustos que produzem frutas azedas, estes só servirão para lenha e vão terminar virando carvão naquele lugar de mil fogueiras e fogo ardente. Já pensaram nisso?

NoviSalmo 45

APRENDER COM JÓ

Tragédias se abatem às vezes
Sobre os que só fazem o Bem.
Gente justa às vezes pena
E pode sofrer também.
No livro de Jó nós vemos
E nele reconhecemos
O valor que um homem tem.

Apesar do sofrimento
Jó jamais perdeu sua fé.
Por ter puro amor a Deus.
Ele nunca arredou pé,
Pois o Pai sabe o que faz
Não comete erros, jamais,
E infalível sempre é.

◆◆◆

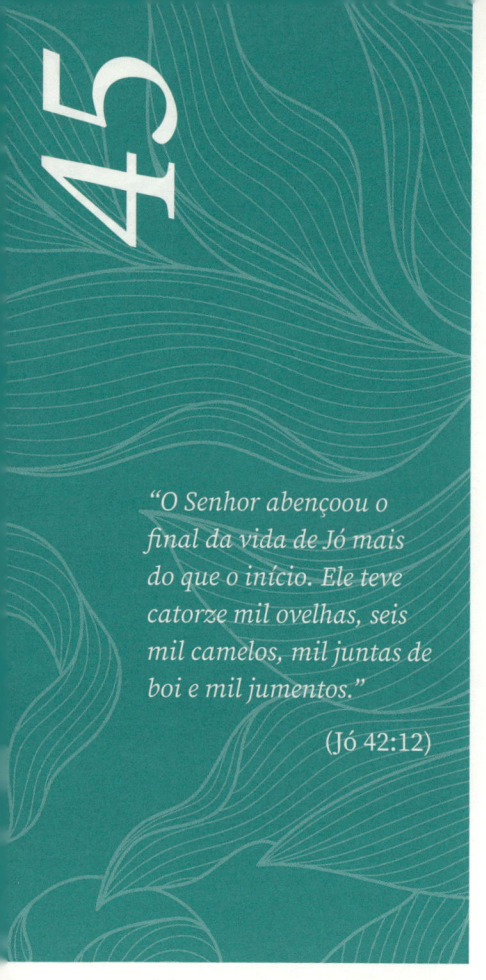

"O Senhor abençoou o final da vida de Jó mais do que o início. Ele teve catorze mil ovelhas, seis mil camelos, mil juntas de boi e mil jumentos."

(Jó 42:12)

Jamais se revolte contra Deus caso algum dia você venha a sofrer algum mal que considere injusto ou demasiado. Deus sabe o que faz. Muitas vezes Ele nos faz padecer justamente para que possamos refletir sobre o valor da vida sem problemas que levávamos antes dos dias tormentosos – e nem prestávamos atenção. A adversidade raramente deixa de nos ensinar lições preciosas. Ao findar seu ciclo, ela nos deixa mais sábios, mais fortes e, sobretudo, muito mais agradecidos a Deus.

NoviSalmo 46

MINHA BÍBLIA

Minha Bíblia é o meu tesouro,
Minha joia reluzente.
Traz inspiração segura
Jamais falha, nunca mente.
Ela é bússola acurada
Sempre lida e consultada,
Companheira tão presente.

Minha Bíblia vive aberta,
Raramente está fechada.
É ela que indica o rumo
Que norteia minha jornada.
É o meu porto mais seguro,
No presente e no futuro,
É leitura sempre amada.

Traz exemplos valiosos,
Convida à reflexão,
Ela é o pão de cada dia,
Luz e guia do cristão.
Digital ou de papel,
Me aproxima mais do céu
E da eterna Salvação.

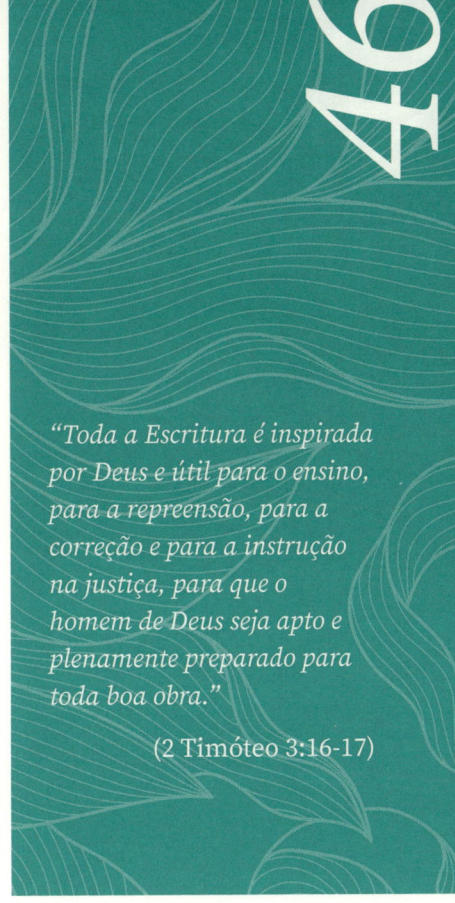

◆◆◆

"Toda a Escritura é inspirada por Deus e útil para o ensino, para a repreensão, para a correção e para a instrução na justiça, para que o homem de Deus seja apto e plenamente preparado para toda boa obra."

(2 Timóteo 3:16-17)

Eu amo a minha Bíblia. Ou, melhor, as minhas Bíblias. Tenho várias. Finas, grossas, em versões antigas, em linguagem moderna. Bíblias com letras minúsculas, médias ou gigantes. Bíblias com capa de couro, pano e papel. Bíblias de estudo, Bíblias de viagem…
Tenho também versões digitais para celular e tablet, embora, para mim, nada jamais virá a substituir a textura e o cheiro de um livro novo, recém-impresso.
Quem tem perguntas procure a Bíblia. Não há no mundo outro livro que nos ofereça tantas respostas.

"Os seus celeiros ficarão plenamente cheios, e os seus barris transbordarão de vinho."

(Provérbios 3:10)

NoviSalmo 47

O VINHO DE DEUS

O vinho de Deus é doce
Como a uva Moscatel,
Como o néctar das flores
E o maná que cai do céu.
Ele é o sangue verdadeiro
Que nos ofertou o cordeiro
Lá nas terras de Israel.

É vinho que não tonteia,
Não derruba, mas vicia.
Nos vicia em Jesus Cristo,
Nos faz plenos de energia.
Vinho puro e cristalino
Das videiras do Divino,
Que bebemos com alegria!

◆◆◆

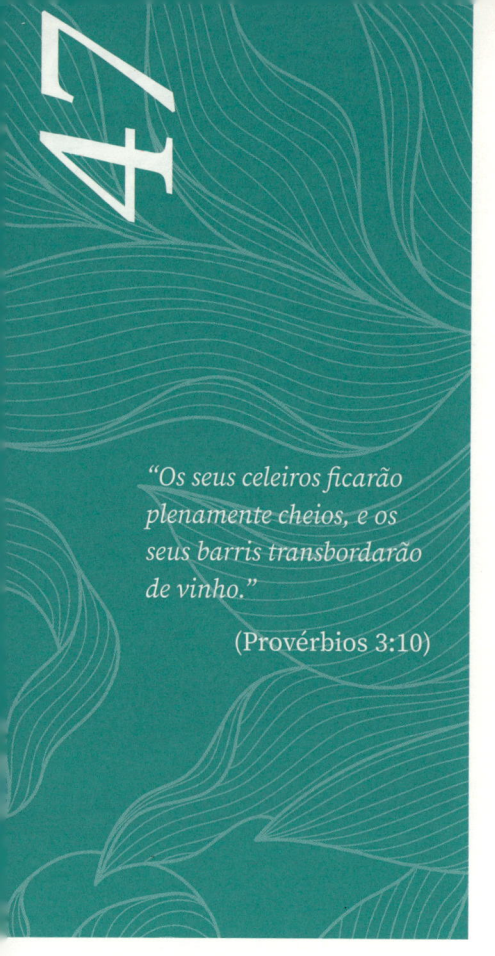

Se vinho é para celebração, celebremos com vinho a Glória do Senhor! Vinho suave ou vinho seco, com ou sem álcool, mas que represente o sangue d'Aquele que veio ao mundo para nos salvar. Vinho que está presente em tantas parábolas e nos momentos mais importantes da vida de Jesus. Vinho degustado com consciência e moderação, sem excessos, sem o vício que afasta os beberrões de suas famílias e suas obrigações.
Vinho é vida, traz leveza,
E que esteja junto ao pão,
Lado a lado, com certeza,
Sempre à mesa de um cristão.

NoviSalmo 48

OS QUE CANTAM PARA DEUS

Bem-aventurados sejam
Os que cantam uma canção
Pra Deus Pai e pra Jesus.
Pois abençoados são
Os que usam melodias,
Instrumentos e harmonias
Pra mostrar sua devoção.

Bem recompensado seja
O talento do cantor
E também do instrumentista,
Do maestro arranjador,
Que com notas musicais
Aproxima-nos, mortais,
Do convívio com o Senhor.

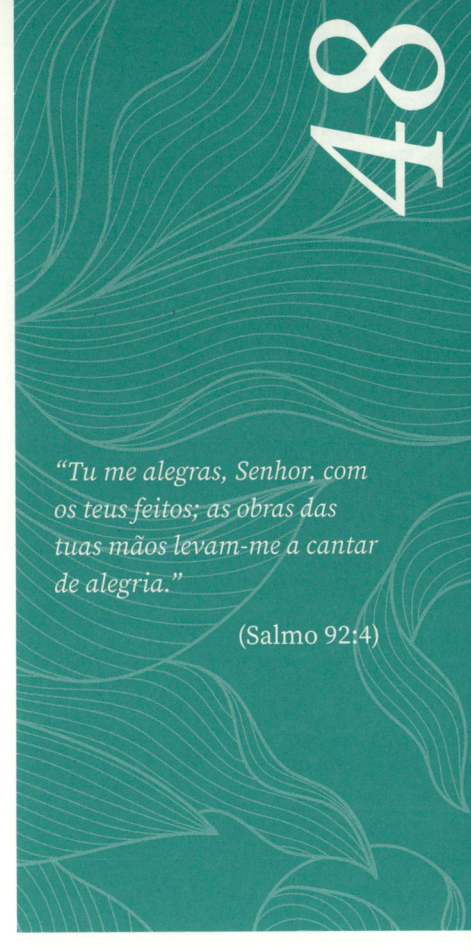

◆◆◆

"Tu me alegras, Senhor, com os teus feitos; as obras das tuas mãos levam-me a cantar de alegria."

(Salmo 92:4)

Poucas coisas neste mundo são mais divinas do que a música. É ela que nos faz leves, nos leva a reviver momentos marcantes da nossa vida e também nos aproxima de Deus. Louvar o Senhor com música amplifica nossa emoção e nossa sensibilidade. Benditos e abençoados sejam os músicos, os cantores, os compositores e todos aqueles que utilizam o talento que Deus lhes deu, para tornar nossas vidas mais melodiosas e plenas de harmonia.

49

"Que homem pode viver e não ver a morte, ou livrar-se do poder da sepultura?"

(Salmo 89:48)

NoviSalmo 49

PARTIREI EM BREVE

Sei que em breve, muito em breve
Este mundo eu deixarei.
Ninguém fica aqui pra sempre,
Essa é a necessária lei.
Mas se estou mesmo partindo
Vou tranquilo e vou sorrindo,
Pois meu tempo aproveitei.

Viajei por esse mundo,
Muitas terras conheci.
Provei pratos, iguarias,
Muitos livros bons eu li.
Plantei árvores de frutas,
Também tive minhas lutas
Mas com Deus todas venci.

Não acumulei riquezas
E bens caros, por vaidade,
Não gastei mais do que tinha
E confesso, de verdade:
Meu desejo mais ousado
É ter Deus junto, ao meu lado,
Por todinha a Eternidade.

◆◆◆

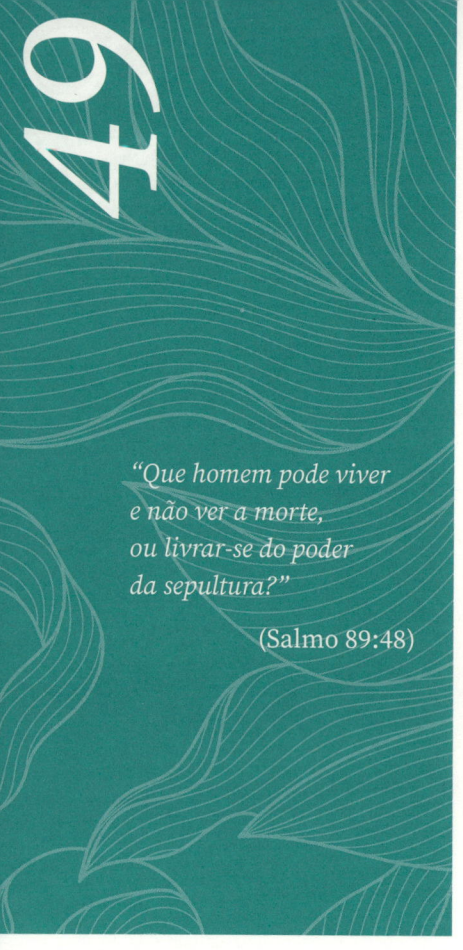

Sim, todos nós partiremos, um dia. E assim sendo, nada melhor do que partir de coração leve, com a sensação de não ter perdido nosso tempo terrestre com futilidades, preguiça e inatividade. É bom partir deixando obras relevantes, bons exemplos e, sobretudo, boas memórias nossas aos que aqui seguem vivendo.

Para quem deseja refletir mais sobre esse particular momento, que é a inevitabilidade da morte, recomendo um dos meus livros favoritos da Bíblia, que é o Eclesiastes. É lindo, profundo e nos ensina que, por mais que pensemos o contrário, quase tudo nessa vida são vaidades de vaidades e que o mundo seguirá seu curso normalmente, apesar da nossa ausência.

NoviSalmo 50

ENXOFRE E FOGO

Ter receio do Diabo,
Eis um medo natural,
Mas quem traz Jesus consigo
Tem um escudo contra o Tal.
O Inimigo tem poder
Mas no fim vai perecer,
Pois o Bem desbanca o Mal.

Assim diz o Apocalipse
Em fiel revelação:
Um lago de enxofre e fogo
Será o lar do Cramulhão,
Que será vencido em guerra
E, sem ele aqui na Terra,
Tempos calmos chegarão.

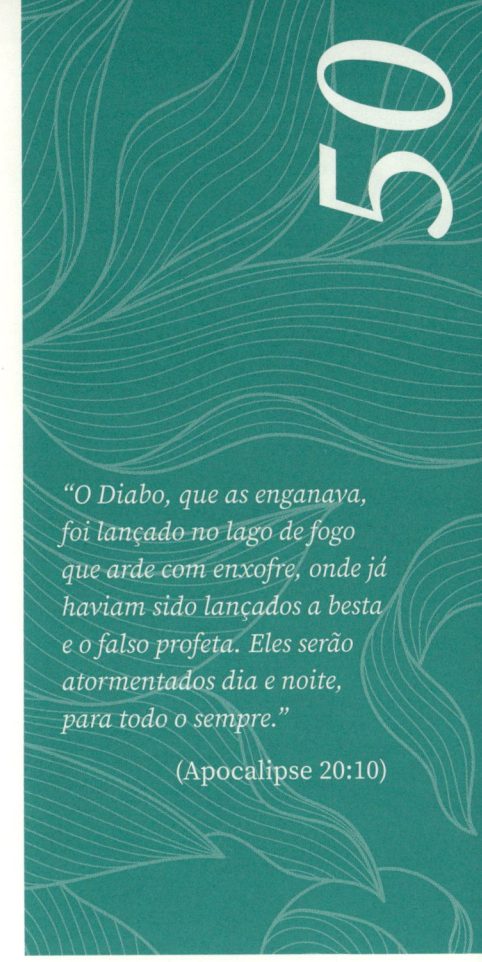

◆◆◆

"O Diabo, que as enganava, foi lançado no lago de fogo que arde com enxofre, onde já haviam sido lançados a besta e o falso profeta. Eles serão atormentados dia e noite, para todo o sempre."

(Apocalipse 20:10)

Sim, é importante conversar sobre o Anjo Caído, pois travamos contra ele uma luta constante e diária. Numa guerra, é preciso conhecer melhor nossos inimigos, suas táticas, suas artimanhas e hábitos. Isso nos deixa alertas e preparados contra ataques inesperados. Não o temam em demasia, pois quem está lutando ao nosso lado é um Deus que supera o Diabo em força, inteligência e que, como foi profetizado no Livro do Apocalipse, TRIUNFARÁ na batalha final.

NoviSalmo 51

CORRETA VIA

Ninguém chega a Deus senão
Pelos braços de Jesus,
Pela trilha bem traçada
Por quem padeceu na cruz.
Essa é a correta via
Que do rumo não desvia
E ao destino nos conduz.

Chegue a Deus pelo seu filho
Que nos disse num sermão:
– *Trago aos homens a promessa
De resgate e Salvação.*
Não existe outro caminho
Não se chega lá sozinho,
Jesus pega a nossa mão.

◆◆◆

"Respondeu Jesus: 'Eu sou o caminho, a verdade e a vida. Ninguém vem ao Pai, a não ser por mim.'"

(João 14:6)

Não existem atalhos para chegarmos à presença de Deus. Desconfiem dos falsos profetas que nos oferecem filosofias e crenças alternativas para chegarmos à Vida Eterna sem o auxílio de Jesus e sem seguir os ensinamentos e exemplos que Ele deixou à humanidade.

NoviSalmo 52

GLÓRIA AO FILHO AMADO

Glória ao que, num casamento,
Fez água tornar-se vinho.
Fez inválidos andarem
E seguirem seu caminho.
Glória ao Filho tão amado
E assim mesmo coroado
Com cipós de rude espinho.

Glória ao que acolhia os pobres,
Os doentes desvalidos,
Os mansos de coração,
Os humildes e oprimidos.
Glória ao que deixou no mundo
O exemplo mais profundo
E os conselhos mais ouvidos.

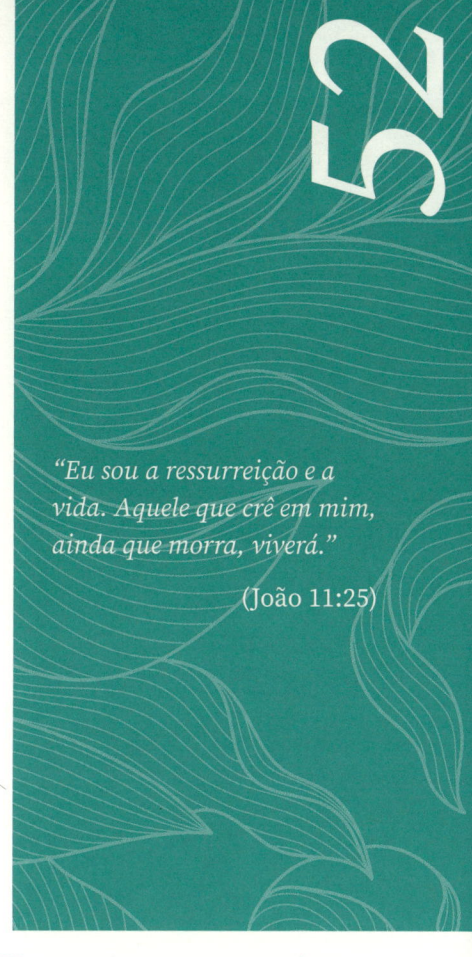

◆◆◆

"Eu sou a ressurreição e a vida. Aquele que crê em mim, ainda que morra, viverá."

(João 11:25)

Jesus foi um revolucionário. Foi o maior dos reis sem agir, por um instante sequer, como os reis que conhecemos. Não ostentava riquezas, não possuía terras, não guerreava, não exigia que os súditos se curvassem diante dele. Ao contrário: vivia cercado de pobres, andava com cegos, paralíticos, leprosos, prostitutas e com pessoas rejeitadas pela sociedade. Pregava a humildade e o amor a Deus e ao próximo. Glória ao Rei maior deste mundo!

"Se o seu olho direito o fizer pecar, arranque-o e lance-o fora. É melhor perder uma parte do seu corpo do que ser todo ele lançado no inferno."

(Mateus 5:29)

NoviSalmo 53

SENTIDO LITERAL

A Bíblia nos diz: arranque
Seus olhos, sem hesitar,
Se são eles que te levam
Ao pecado pelo olhar.
Mas não seja radical
E, num gesto literal,
Queira seus olhos furar.

O sentido dessa frase
Diz: Afaste-se, cristão,
Do que é sujo, te faz mal
E desperta a tentação.
Não frequente lupanares,
Ou quaisquer outros lugares
Que convidem à perdição.

Quem não vê não se interessa,
Quem não vai não é tentado.
Quem não anda com pilantras
Vive longe do pecado.
Deixe o mal seguir distante
E uma vida radiante
Vai te ser assegurada.

◆◆◆

Sim, não tomemos o conselho em sentido literal; mas, também, não deixemos de reconhecer que o ensinamento contido nele é de grande sabedoria. A maneira mais sensata de evitar os pecados é estar sempre afastado de quem os pratica. Já dizia o ditado: "diga-me com quem andas, e eu te direi quem és". Quem convive com criminosos está a um passo de se tornar um deles. Afinal, passarinho que anda com morcegos troca o dia pela noite e acaba dormindo de dia pendurado no poleiro de cabeça para baixo.

NoviSalmo 54

UM AMIGO

Deus proteja meus amigos
E lhes dê prosperidade,
Pois não há no mundo almas
Mais queridas. E é verdade.

Um amigo é um diamante
De fina lapidação.
Muitas vezes mais atento,
Mais presente que um irmão.
Ele é anjo dedicado
E, se está junto, ao meu lado,
Tenho afeto e proteção.

Deus proteja meus amigos
E lhes dê saúde e paz
Com sabedoria e prumo,
Firme rumo e muito mais.

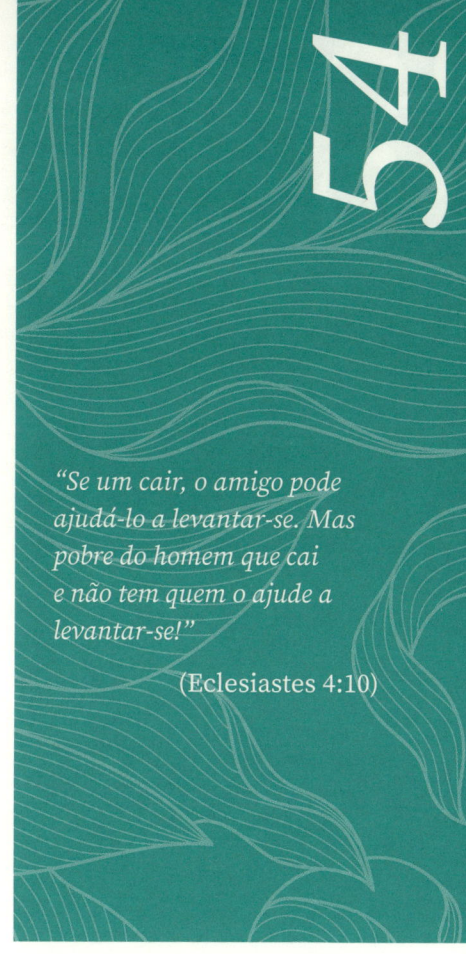

◆◆◆

"Se um cair, o amigo pode ajudá-lo a levantar-se. Mas pobre do homem que cai e não tem quem o ajude a levantar-se!"

(Eclesiastes 4:10)

Ter um amigo de verdade é possuir um tesouro valioso. Não podemos escolher nossos parentes, nem os membros da nossa família, mas amigos são os que determinamos, são os que selecionamos. É a diferença entre comer frutos selvagens que encontramos na mata e saborear frutos que plantamos e cultivamos em nosso próprio pomar. Tenho amigos que são mais do que irmãos. Oro por eles e agradeço a Deus por essa dádiva tão preciosa.

"O meu Deus enviou o seu anjo e fechou a boca dos leões, para que não me fizessem mal algum."

(Daniel 6:22)

NoviSalmo 55

NA COVA DOS LEÕES

Daniel foi atirado
Aos leões pra ser comido,
Mas por ser temente a Deus
Foi poupado e protegido.
Os leões foram amansados,
Seus rugidos, silenciados,
Daniel não foi ferido.

Assim vive o que tem fé
E no Pai do Céu confia:
Não tem medo nem da noite
Nem do sol do meio-dia.
Dorme junto com leões
Ri de feras e dragões,
Vive a vida com alegria.

◆◆◆

Ter Deus no coração me faz lembrar daquela cena comum nos desenhos animados: o personagem vai caminhando tranquilamente na chuva sem se molhar, pois chove à sua frente, às suas costas, à sua direita e esquerda, mas brilha o sol sobre sua cabeça. Já com os afastados do Senhor, parece ocorrer justamente o oposto: em pleno dia de sol quente, são perseguidos por uma nuvem carregada por uma tempestade que desaba somente sobre suas cabeças.

NoviSalmo 56

Ó, DEUS PAI

Ó, Deus Pai que está no céu,
Nos proteja de verdade.
Venha a nós seu Santo Reino,
Prevaleça a sua vontade
Lá no alto, aqui na terra
E por toda a Eternidade.

Alimente-nos com o pão
Que nos nutre e nos sacia.
Pão que chega à nossa mesa
Sempre farto a cada dia.

Dê perdão aos meus pecados,
Minhas faltas e também
Absolva os que me ferem,
(Quero vê-los sempre bem),
E me afaste, peço então,
Da luxúria, tentação
E de todo mal, amém.

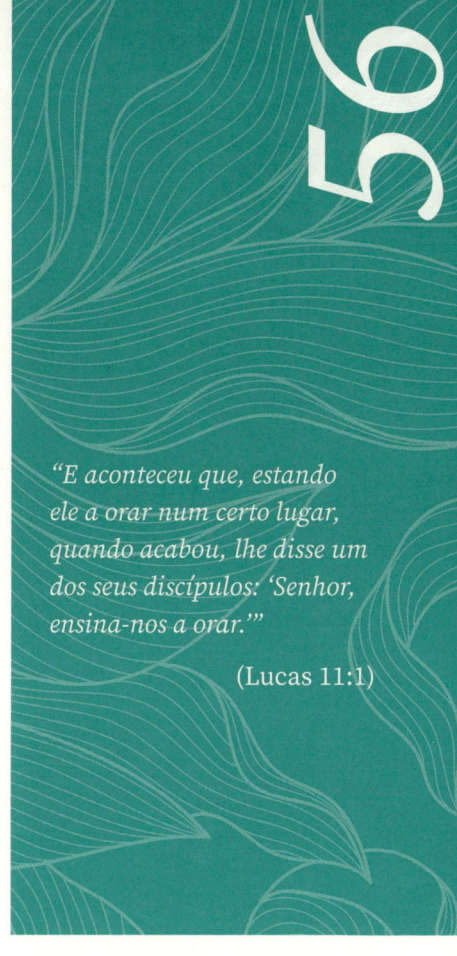

◆◆◆

"E aconteceu que, estando ele a orar num certo lugar, quando acabou, lhe disse um dos seus discípulos: 'Senhor, ensina-nos a orar.'"

(Lucas 11:1)

O Pai-Nosso é a oração mais perfeita e poderosa que conhecemos. Nele temos a síntese da doutrina cristã: a santificação do nome e do poder de Deus, a prevalência de Sua vontade tanto na Terra como no céu. O agradecimento pelo pão diário, o perdão aos inimigos, um pedido de auxílio contra as tentações e força para nos livrarmos do Mal. A versão que compusemos para esse NoviSalmo é apenas a humilde tentativa de um poeta de homenagear o Pai-Nosso em rimas de poesia de cordel.

69

NoviSalmo 57

CONHECER E PRATICAR

Conhecer as leis de Deus
Sem na vida as praticar
É como comprar um carro
Pra deixá-lo enferrujar.
É tesouro abandonado,
Capital desperdiçado,
Isso eu posso lhe afirmar.

Pois a fé sem obras não
Traz proveito pra ninguém
Não ajuda os que precisam
Nem exalta quem a tem.
É uma casa abandonada,
É viajante sem estrada,
É cegonha sem neném.

◆◆◆

"De que adianta, meus irmãos, alguém dizer que tem fé, se não tem obras? Acaso a fé pode salvá-lo?"

(Tiago 2:1)

Falar é fácil. De que adianta se apresentar como cristão se não vivemos como cristãos? Se não praticamos a caridade e o amor ao próximo? Se julgamos os que nos cercam, se vivemos de aparências e de luxos desnecessários? De que adianta sair da igreja sem nem se lembrar do que foi dito no sermão? De comprar uma Bíblia de luxo que vive fechada, ou de ir dormir todas as noites sem conversar e agradecer a Deus?

NoviSalmo 58

LOBO EM PELE DE CORDEIRO

Cuidado com o lobo esperto
Que se veste de cordeiro.
O falso profeta é sempre
Ardiloso e sorrateiro.
É charmoso, bem-falante,
Tem sorriso cativante,
Ai, que lobo interesseiro!

Ele ilude os que têm fé,
Faz da Bíblia o ganha-pão,
Cita o Livro distorcendo
As palavras que lá estão
Para o crente controlar
E pra si vir a ganhar
Mais dinheiro e posição.

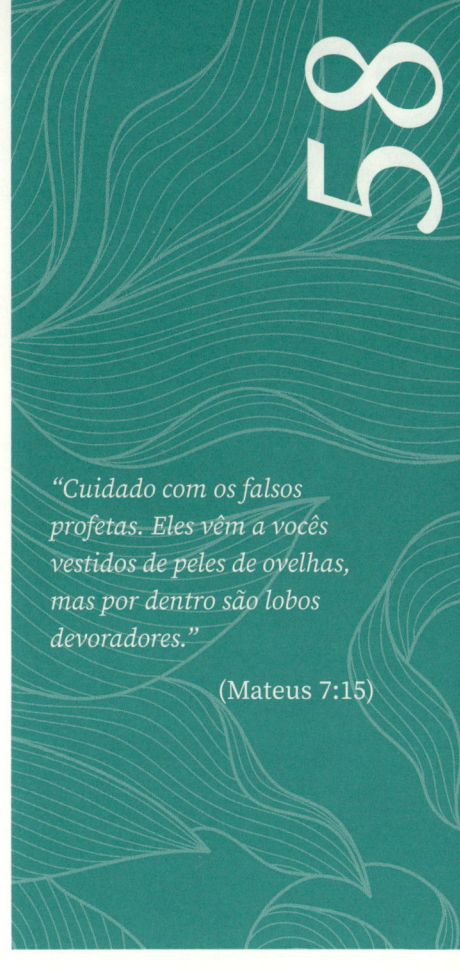

◆◆◆

"Cuidado com os falsos profetas. Eles vêm a vocês vestidos de peles de ovelhas, mas por dentro são lobos devoradores."

(Mateus 7:15)

Não são poucos os que vivem de tirar proveito e explorar os que buscam a Palavra de Deus. Esses falsos profetas primeiro lançam mão de mecanismos de dominação do fiel, geralmente induzindo-o a sentir medo, culpa ou apelando para o desejo de receber bênçãos, prosperidade e bens materiais. Feito isso, oferecem-lhe a solução mágica: contribuir com cada vez mais para a igreja – e para o sacerdote inescrupuloso. Olho vivo com esses lobos, irmãos!

"Então Golias, um guerreiro filisteu de Gate, saiu das fileiras do exército filisteu. Ele tinha 2,90 metros de altura."

(1 Samuel 17:4)

NoviSalmo 59

NÃO FRAQUEJO

Não fraquejo, pois me lembro
De Davi contra o gigante.
Se o problema é grandioso
Eu o encaro, confiante,
Pois meu Deus está comigo,
Como Pai e como amigo,
Todo o tempo e a todo instante.

Não fraquejo, pois me lembro
Dos hebreus em Jericó.
Das muralhas poderosas
Que, com fé, viraram pó.
Venham dias tormentosos,
Inimigos poderosos,
E eu os enfrentarei sem dó.

◆◆◆

A Bíblia está repleta de histórias de heróis improváveis, de homens e mulheres enfrentando desafios que pareciam muito além de suas forças. E triunfando! Alcançando vitórias quase impossíveis por confiarem na ajuda de Deus e em sua própria força interior. Como se diz: a fé remove montanhas e, se necessário for, faz baixinhos magricelos derrubarem gigantes musculosos de quase três metros de altura! Ore com fervor, confie em Deus Pai e liberte este Davi que está dentro de você!

NoviSalmo 60

NÃO SE AFOBE

Não se afobe, não se apure,
Não se desespere em vão.
Cada dia traz consigo
Sua carga, sua missão.
Quem relaxa não adoece
Pois ninguém jamais merece
Sofrimento de antemão.

Lute só com o que é de hoje,
O amanhã virá depois.
Cada qual tem seus problemas,
Não se ocupe deles dois.
Devagar torneie o barro
E jamais deixe que o carro
Passe à frente dos seus bois.

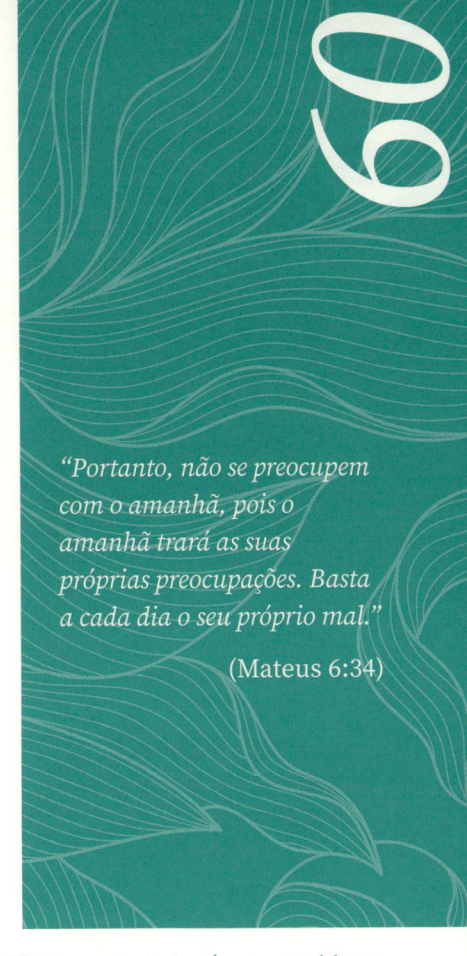

◆◆◆

"Portanto, não se preocupem com o amanhã, pois o amanhã trará as suas próprias preocupações. Basta a cada dia o seu próprio mal."

(Mateus 6:34)

A ansiedade é um problema sério e afeta muitos de nós. A ânsia de antecipar e querer se ocupar de milhares de problemas ao mesmo tempo – inclusive os futuros – não nos deixa relaxar e aproveitar a vida. São prazos a cumprir, emails para responder, viagens para reservar e, sobretudo, contas e boletos para pagar. Um problema sério é querer curtir o hoje sobrecarregando o amanhã. Comprando a crédito agora para pagar com juros no futuro. Vivamos com o que temos em mãos. Não hipotequemos nossa paz para os tempos que estão por vir.

61

"Quando Pilatos percebeu que não estava obtendo nenhum resultado, mas, ao contrário, estava se iniciando um tumulto, mandou trazer água, lavou as mãos diante da multidão e disse: 'Estou inocente do sangue deste homem; a responsabilidade é de vocês.'"

(1 Samuel 17:4)

NoviSalmo 61

PILATOS

Um cristão, quando decide,
Nunca deixa seus irmãos
Padecerem sem justiça
E não "lava suas mãos",
Como fez Pôncio Pilatos,
Que não assumiu seus atos
E tremeu, como os poltrões.

Um juiz, por dar sentenças,
Tem deveres de verdade.
Dele é certo que se cobre
A responsabilidade.
Que ele cumpra o seu dever
Sem fugir e se esconder,
Sem julgar com falsidade.

◆◆◆

Nada é mais comum do que vermos pessoas tentando "tirar seu corpo fora" na hora de assumir responsabilidades. Seu lema é "não se comprometer para que não seja cobrado depois". E assim, vão vivendo suas vidas covardes, lavando suas mãos e saindo de fininho na hora de assumir compromissos. Felizmente, para o alívio dos justos e honestos, Deus, o juiz que dará nossa derradeira sentença no final dos tempos, não se eximirá de Sua responsabilidade e nos julgará, um por um, com a máxima justiça e imparcialidade. E a Salvação só virá para os merecedores.

NoviSalmo 62

A JUMENTA DE BALAÃO

Quantas vezes alguém sofre
Injustiça e punição,
Mesmo agindo de boa-fé
Com total boa intenção,
E o injustiçado aguenta
Como assim fez a jumenta
Do profeta Balaão.

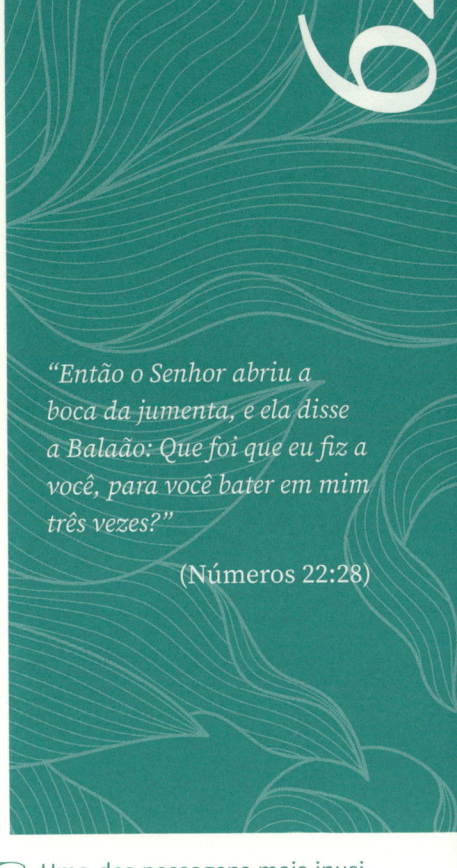

◆◆◆

"Então o Senhor abriu a boca da jumenta, e ela disse a Balaão: Que foi que eu fiz a você, para você bater em mim três vezes?"

(Números 22:28)

Uma das passagens mais inusitadas e curiosas da Bíblia é essa da jumenta que fala como gente e se mostra indignada com a bruta insensibilidade de seu dono, o ganancioso profeta Balaão. Uma cena que fala da triste realidade de quem sofre punição injusta, mesmo quando procura ajudar quem o agride.

NoviSalmo 63

VAIDADES DE VAIDADES

O livro do Eclesiastes
Faz profunda reflexão
Sobre a vida, seu sentido
Sobre o tempo, e ele, então,
É uma obra realista
Muitas vezes pessimista,
Mas de sábia inspiração.

Esse livro traz conselhos
Recheados de verdades
Em linguagem nua e crua
Sem douradas falsidades.
E é com ele que aprendemos:
Quase tudo que fazemos
São vaidades de vaidades.

◆◆◆

"Vaidade de vaidades, diz o pregador, vaidade de vaidades! Tudo é vaidade."

(Eclesiastes 1:2)

É difícil para um jovem, em sua plena mocidade, esbanjando saúde e entusiasmo pela vida, compreender as palavras e pensamentos do Eclesiastes. Seu autor, já no fim da vida, tece considerações realistas – e nem sempre otimistas – sobre o sentido da vida, o tempo, as vaidades e a proximidade da morte. Somente após os 50 anos de idade comecei a me apaixonar por este livro tão cheio de mensagens reveladoras da real natureza humana.

NoviSalmo 64

A VERDADE NOS LIBERTA

"A verdade nos liberta",
Lá na Bíblia está gravado,
Pois pior que ouvir o vero
É seguir sendo enganado.
Não viva você, cristão,
Numa bolha de ilusão
E, de tudo, alienado.

A verdade, mesmo dura,
É melhor que a falsidade
E a enganação bondosa,
Que mascara a realidade.
Por favor me preocupem,
Mas jamais de mim ocultem
A legítima verdade.

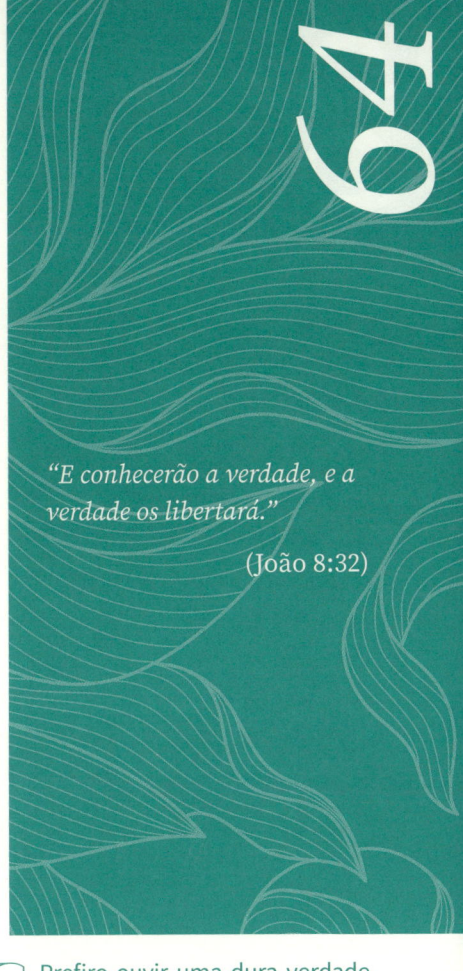

◆◆◆

"E conhecerão a verdade, e a verdade os libertará."

(João 8:32)

Prefiro ouvir uma dura verdade do que viver na cômoda tranquilidade da mentira e da ilusão.
Não. Não é bom fugir das palavras que nos incomodam. Não é vendando nossos olhos que faremos com que os males do mundo desapareçam. Não os enxergaremos, mas eles continuarão existindo. E quando esses monstros resolvem sair de suas cavernas para nos atacar, os mais surpresos são justamente os que não sabiam ou não queriam saber de sua existência.

"Tudo que Deus faz é bom. Tudo o que Deus permite é necessário."

(Jó 2:10)

NoviSalmo 65

PODE O MAL TRAZER O BEM?

A Divina Providência
Obedece a Deus também,
E aparenta fazer Mal
Pra trazer, mais tarde, o Bem.
Jó ficou pobre e sem gado,
Mas, no fim, foi compensado,
Perdeu vinte e ganhou cem.

Uma perda em nossas vidas
Nos convida a refletir,
E a tragédia nos dá forças
Pra lutar e prosseguir.
Deus não age sem sentido,
Sem um plano definido,
Isso eu posso garantir.

◆◆◆

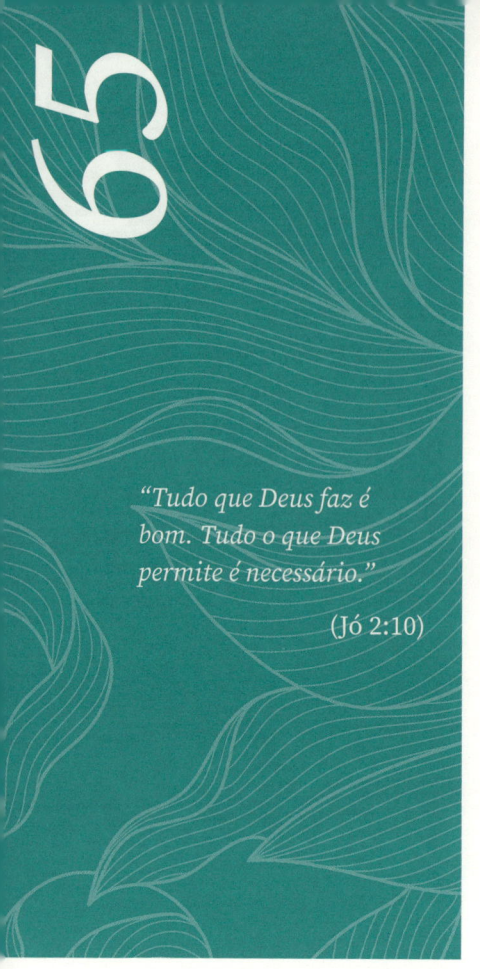

O livro de Jó é um dos mais inspiradores da Bíblia. Nele vemos a história de um homem justo e temente a Deus que – por sugestão do Diabo – sofre horrores e é testado em sua fé. Mesmo pobre, doente e após ter perdido toda a sua família, Jó jamais se revolta ou deixa de ser fiel ao Senhor. No final, recebe a justa recompensa por seu modo de pensar e de agir.

NoviSalmo 66

O POUCO COM DEUS

É sempre melhor o pouco
Sob as bênçãos do Senhor
Do que o muito sem a fé
Em Deus Pai, meu protetor.

O que é farto não sacia
Se não for, por Deus, nos dado.
Já o escasso vale o Dobro
Sendo ele abençoado.
Deus do Céu é o Provedor
De quem é merecedor
E o mantém alimentado.

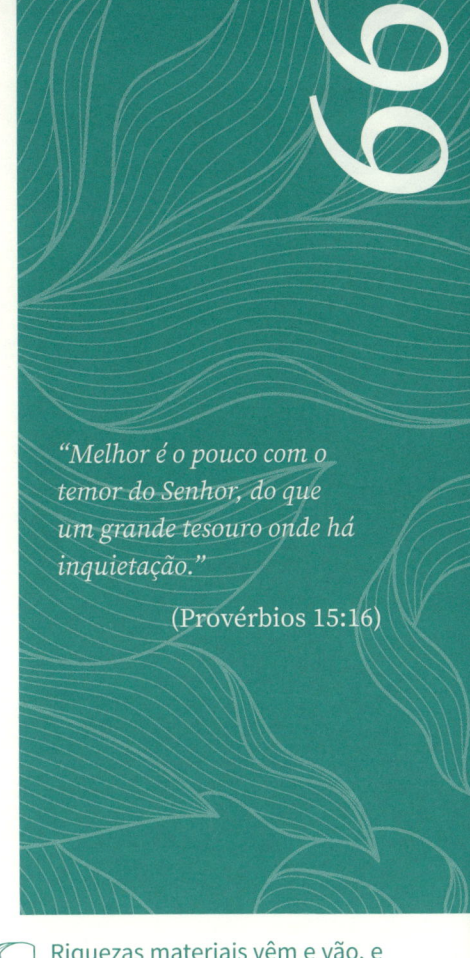

◆◆◆

"Melhor é o pouco com o temor do Senhor, do que um grande tesouro onde há inquietação."

(Provérbios 15:16)

Riquezas materiais vêm e vão, e delas não levamos conosco um tostão sequer quando morremos. Já as riquezas de nossas almas, as qualidades e virtudes, essas nos acompanham rumo à Vida Eterna. Lá, a riqueza que importa não é ouro que tivemos, mas o BEM que fizemos. Simples assim.

"E o pó volte a terra, como o era, e o espírito volte a Deus, que o deu."

(Jó 2:10)

NoviSalmo 67

AO FINDAR O LABOR

Ao findar todo o labor
Que nos coube nessa vida
Tranquilos esperaremos
Pela paz tão merecida,
Disse um hino lá da igreja.
E a Deus peço que assim seja
Ao partirmos dessa vida.

◆◆◆

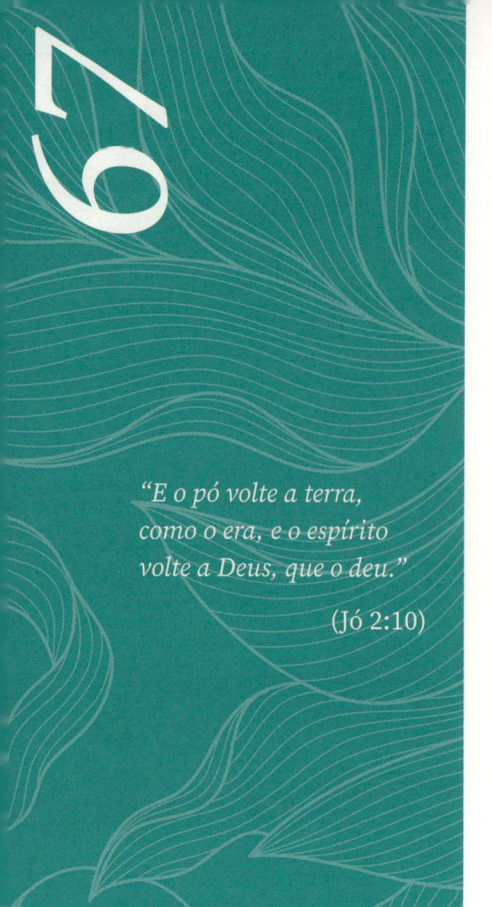

É comum dizermos de quem morre: ele agora descansou. E isso não deixa de ser verdade, especialmente para quem passou a vida ocupado em trabalhar, em cumprir os mandamentos da lei de Deus e carregar o pesado fardo que recai sobre as costas dos justos e honestos. Mas e os que se afastaram da fé e passaram a vida no "bem bom"? Quem já descansou demais por aqui com certeza não se incomodará de passar o resto de sua existência transportando feixes de lenha para alimentar os braseiros do inferno, né? Descansar agora ou mais tarde? Escolhas são escolhas…

NoviSalmo 68

SAL E LUZ

Nós somos o sal da Terra,
Seu sabor e seu tempero,
Disse um dia Jesus Cristo
Lá no topo de um outeiro:
– As ações e obras boas
Que ofertarmos às pessoas
Serão vistas por inteiro.

Pois a luz que brilha intensa,
Pelo escuro se irradia.
Somos sal e somos luz,
E se andamos com Jesus,
Caminhamos com alegria.

◆◆◆

"Vocês são o sal da terra. Mas, se o sal perder o seu sabor, como restaurá-lo? Não servirá para nada, exceto para ser jogado fora e pisado pelos homens. Vocês são a luz do mundo. Não se pode esconder uma cidade construída sobre um monte."

(Mateus 5:13-14)

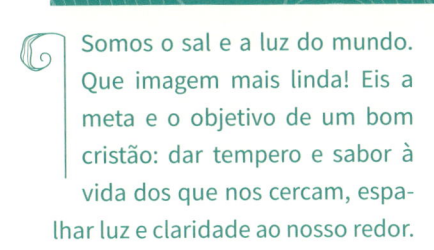

Somos o sal e a luz do mundo. Que imagem mais linda! Eis a meta e o objetivo de um bom cristão: dar tempero e sabor à vida dos que nos cercam, espalhar luz e claridade ao nosso redor.

"Jesus estendeu a mão e o segurou. E disse: 'Homem de pouca fé, por que você duvidou?'"

(Mateus 14:31)

NoviSalmo 69

SOBRE AS ÁGUAS ANDAREI

Sobre as águas andarei
E caminharei a pé,
Pois Jesus disse que tudo
É possível se minha fé
É sincera e permanente,
Poderosa, resistente,
E eu garanto que ela é!

Tudo pode o corajoso
Que anda junto ao nosso Pai,
Que abandona sua muleta,
Quase tomba, mas não cai.
Tudo pode quem confia
Em Jesus, dia após dia,
Sem ficar no "vem-não-vai".

◆◆◆

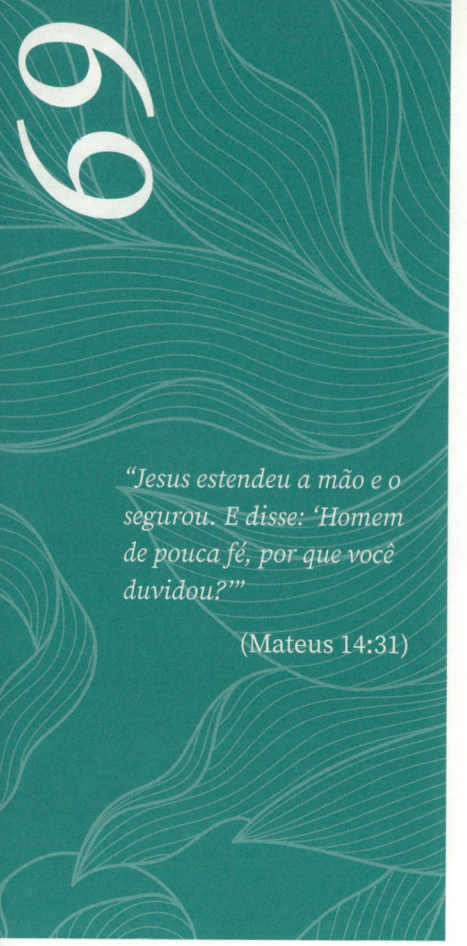

Nunca duvide de si mesmo se estiver seguro em sua fé. Nunca diga "isso é impossível" ou "não pode ser feito". Acredite sempre, aposte alto, peça auxílio ao Pai e Ele estará contigo na empreitada. Davi venceu o gigante, Sansão derrubou um templo com as próprias mãos, Daniel amansou leões, Gideão venceu um exército poderoso, Moisés fez um mar se abrir.

NoviSalmo 70

OS LÍRIOS DO CAMPO

Diz o livro mais sagrado
Que os lírios do campo são
Elegantes, bem-vestidos
(Mais até que Salomão).
Não entendem de costura,
Mas seu luxo e formosura
Impressionam (e com razão).

Assim Deus garante aos homens
Seu provento e seu salário,
Vestimentas, camas quentes
E o sagrado pão diário.
Então queira relaxar:
Deus não deixará faltar
O que te for necessário.

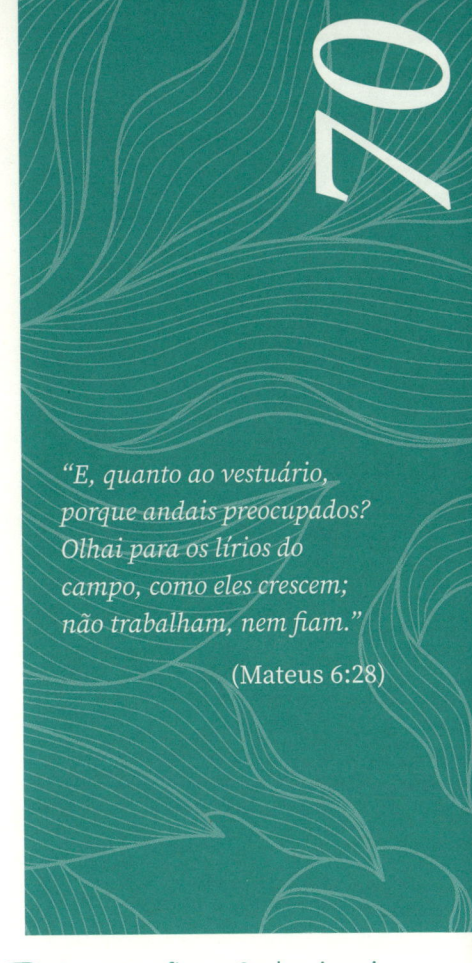

◆◆◆

"E, quanto ao vestuário, porque andais preocupados? Olhai para os lírios do campo, como eles crescem; não trabalham, nem fiam."

(Mateus 6:28)

Quem confia no Senhor jamais passa privação. Confie sempre. Mas não deixe de fazer sua parte. O maná não cairá do céu para saciar a fome de quem vive se queixando, mas passa os dias deitado à sombra de uma árvore. Reflitamos sobre isto.

NoviSalmo 71

CONTRA MIM NINGUÉM SERÁ

Se o Senhor está comigo,
Contra mim ninguém será.
Nenhum pingo da tormenta
Sobre a fronte me cairá,
Pois, escudo mais vistoso,
Mais presente e poderoso,
Nesse mundo outro não há.
Aos maldoso, digo assim:
– *Nada pode contra mim,
Nenhum mal me atingirá!*

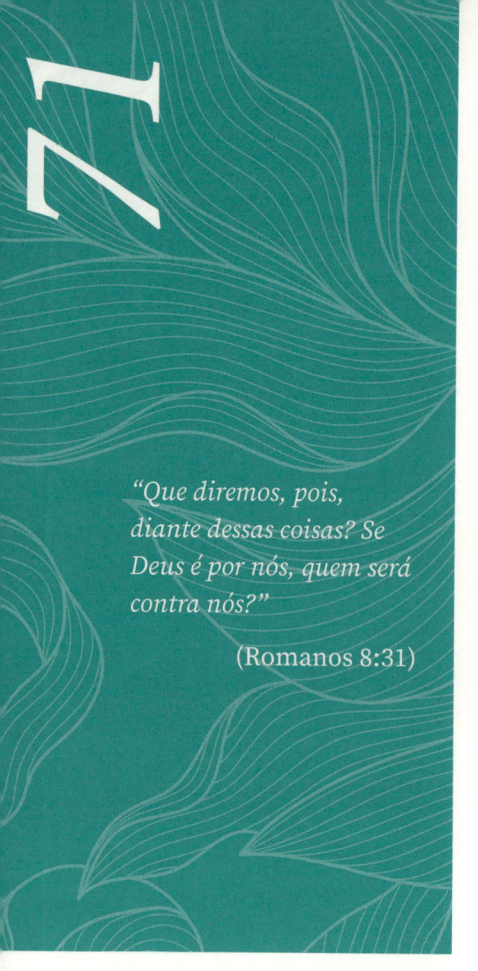

◆◆◆

"Que diremos, pois, diante dessas coisas? Se Deus é por nós, quem será contra nós?"

(Romanos 8:31)

Gosto desses versículos que nos enchem de coragem e nos conscientizam da força que ganhamos quando temos o Senhor lutando ao nosso lado nas batalhas da vida. Com um general como Esse no comando, como duvidar que o Bem vencerá a guerra contra o Mal? Como temer ser abandonado e ferido no campo de batalha? Quem se alista no Exército Celeste já vai para a guerra cantando o hino da vitória.

NoviSalmo 72

A GRANDEZA DE DEUS

Deus é pleno e poderoso
Em sua graça e fortaleza.
Deus de amor e de bondade,
E justiça, com certeza.
Ele é o Pai que bem vigia
Nossas vidas, noite e dia,
Reconheço sua grandeza.

Engenheiro e arquiteto,
Concebeu a Terra e o mundo.
Deus, no alto do seu trono,
É primeiro sem segundo.
E, por ser onisciente,
Sabe tudo sobre a gente,
Nos conhece bem e a fundo.

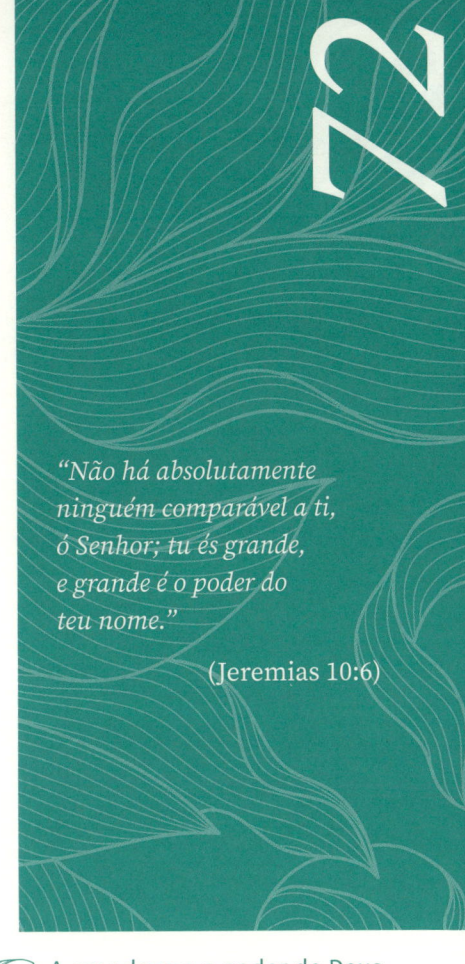

◆◆◆

"Não há absolutamente ninguém comparável a ti, ó Senhor; tu és grande, e grande é o poder do teu nome."

(Jeremias 10:6)

A grandeza e o poder de Deus são inabaláveis. Ele é o Alfa e o Ômega, o começo, o meio e o fim. É o ponto de partida. Ele é a faixa da chegada, o primeiro sem segundo, o que está em toda parte, o que entende e sabe tudo, o que tira e nos dá vida. Crendo n'Ele ou não, todos estamos sob seu controle e domínio absoluto.

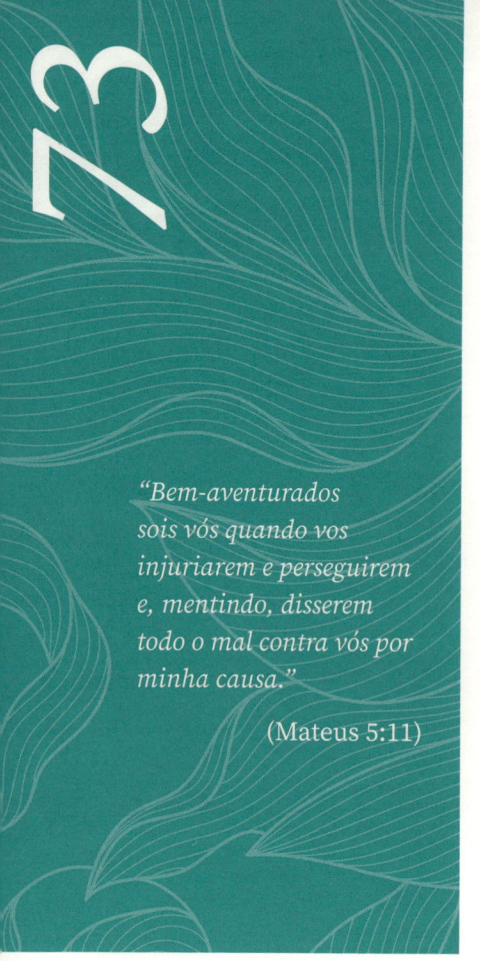

"Bem-aventurados sois vós quando vos injuriarem e perseguirem e, mentindo, disserem todo o mal contra vós por minha causa."

(Mateus 5:11)

NoviSalmo 73

HONRAR SEU SANTO NOME

Bem-aventurados sejam
Os que sofrem medo e dor
Por anunciarem ao mundo
Que são servos do Senhor.
E os que passam sede e fome
Por honrar o Santo Nome
Do filho do Criador.

Quem se esquiva de assumir
Frente aos homens a missão
De servir a Jesus Cristo,
Com postura de cristão,
É ovelha que entristece
Seu pastor e não merece
Recompensa e galardão.

◆◆◆

Não tenha receio de se declarar e se assumir cristão. Diga isto em voz alta e de peito aberto, como nos é recomendado em Romanos 10:9: "Se você confessar com a sua boca que Jesus é Senhor e crer em seu coração que Deus o ressuscitou dentre os mortos, será salvo."
Não tema preconceito ou perseguições. Deus protege os corajosos e os que escolheram viver segundo Sua lei.

NoviSalmo 74

O CORAÇÃO E A LÍNGUA

    O que sai das nossas bocas
    É o que vem do coração.
    Coração controla a língua,
    Que comanda o verbo e, então,
    Pra saber se alguém é duro,
    Se é direito ou se é impuro,
    Ouça-o sempre com atenção.

    As palavras chegam longe
    E o silêncio mais além.
    Fale sempre o necessário
    E somente o que convém,
    Pois o dito não tem volta
    E o que a nossa língua solta
    Faz o Mal ou traz o Bem.

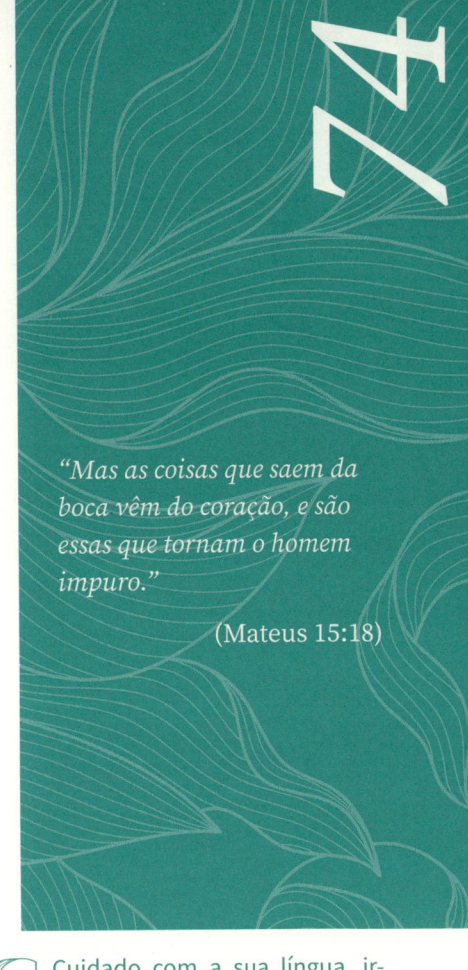

◆◆◆

"Mas as coisas que saem da boca vêm do coração, e são essas que tornam o homem impuro."

(Mateus 15:18)

Cuidado com a sua língua, irmão. Pense muito antes de falar, irmã. A língua é faca de dois gumes: tanto adoça quanto faz amargar. E o que é dito não pode ser desdito. É tiro disparado que jamais retorna ao cano da espingarda. É rio que segue para o mar sem nunca voltar para a nascente.

NoviSalmo 75

TRABALHAR E POUPAR

O que lavra sua terra
Tem na mesa o farto pão,
Já quem segue os preguiçosos
Passa fome e privação.
É um Provérbio da Escritura
Que mostra a verdade pura
Com clareza e precisão.

E, da mesma forma, é certo
Que quem vive na gastança,
Esbanjando o que não tem
E levando a vida mansa,
Há de um dia precisar,
Mas, sem ter de onde tirar,
Vai penar sem sua poupança.

◆◆◆

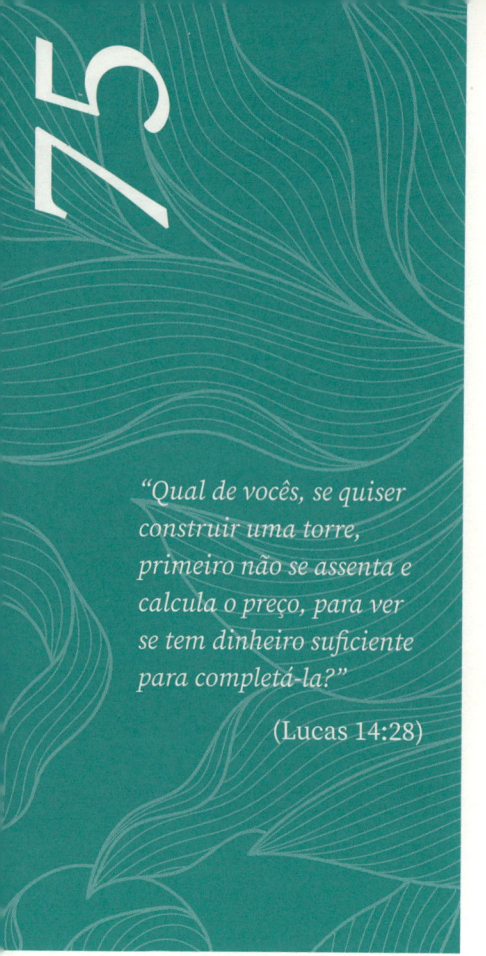

"Qual de vocês, se quiser construir uma torre, primeiro não se assenta e calcula o preço, para ver se tem dinheiro suficiente para completá-la?"

(Lucas 14:28)

Quem poupa tem quando precisa e quem gasta mais do que ganha hipoteca o seu futuro. Dinheiro emprestado é o futuro comprometido. Reflitamos sobre o que nos é dito em Provérbios 22:7: "O rico domina sobre o pobre; quem toma emprestado é escravo de quem empresta."

NoviSalmo 76

DEUS DECIDE

Deus atende ao que pedimos,
Mas no tempo que Ele quer.
Pode ser de imediato
Ou mais tarde, quando der,
Ele entrega o desejado,
Mas também o inesperado
Se isso assim lhe convier.

Tenha paciência, irmão,
Não se afobe, não insista.
O avião decola e sobe
Somente no fim da pista.
Esperemos para ver,
E o que Deus vai nos trazer,
É com fé que se conquista.

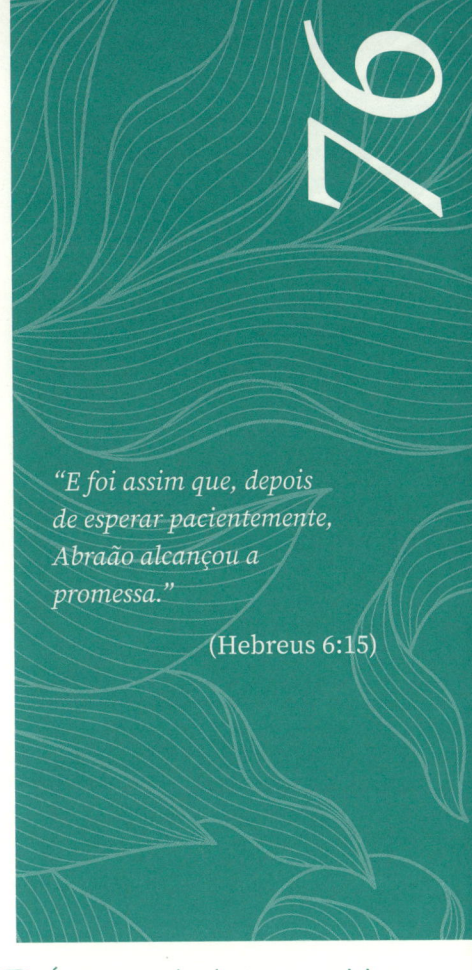

◆◆◆

"E foi assim que, depois de esperar pacientemente, Abraão alcançou a promessa."

(Hebreus 6:15)

É pura perda de tempo exigir urgência a Deus. Ele atenderá – ou não – ao seu pedido, como e quando desejar, segundo os propósitos d'Ele e não os seus. Muitas vezes Sua demora resultará em algo muito mais proveitoso para você ou para outras pessoas. Tenha calma. A lagarta se acha lerda e feia sem nem desconfiar que um dia terá a leveza e a formosura de uma esbelta borboleta. Espere com fé e veja que tudo dará certo no final. E, se não deu, é porque ainda não chegamos ao final.

NoviSalmo 77

PAZ NA SEPARAÇÃO

A Deus peço que haja paz
Na minha separação.
Não é fácil ver chegar
O final dessa união.
Ver um vaso ser partido,
Ver um lar ser dividido,
Nos machuca o coração.

Me recordarei de tudo
Que fizemos em harmonia,
Das pelejas que vencemos
Batalhando em parceria.
São lembranças do passado,
Mas, se tudo está mudado,
Que então venha um novo dia.

Pois há o tempo de juntar
E o de separar também,
Tempo calmo de aceitar
O futuro que nos vem.
Cada um que siga, então,
Novo rumo e direção
Sob a paz de Deus. Amém!

◆◆◆

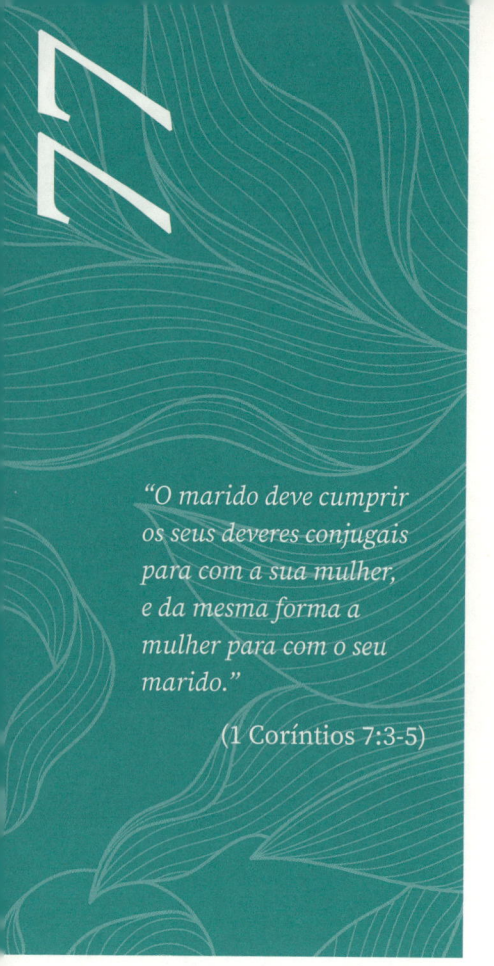

"O marido deve cumprir os seus deveres conjugais para com a sua mulher, e da mesma forma a mulher para com o seu marido."

(1 Coríntios 7:3-5)

Nem tudo que se junta permanecerá unido para sempre. E é importante reconhecer e aceitar esse fato da vida. Separações sempre trazem tristeza para ambas as partes. Mas também não é o fim do mundo. Pode ser feita com diálogo e entendimento, e, como muitos já viram, às vezes, depois de separados, alguns casais se tornam mais companheiros do que eram vivendo sob o mesmo teto.

NoviSalmo 78

ENDIVIDADO

Deus me ajude a controlar
Meu dinheiro tão suado,
Pois me encontro nessa hora
Seriamente endividado.
Estou triste e sinto dor
Por ter saldo devedor
De valor exagerado.

Então sofro de remorsos
Me arrependo, com razão,
Por gastar mais do que ganho
Sem controle ou previsão.
Desta vez quero quitar
A fatura e repensar
Meus deveres de cristão.

Peço ao Pai que minha grana
Também seja bem guardada,
Pois a vida de gastança
Sem poupança não traz nada.
O empréstimo endivida,
Empobrece, e a nossa vida
Nunca chega à paz sonhada.

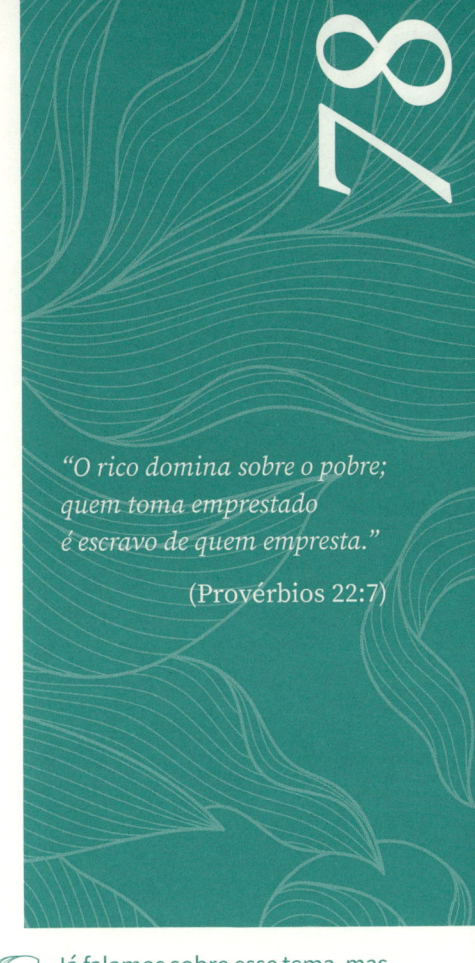

◆◆◆

"O rico domina sobre o pobre; quem toma emprestado é escravo de quem empresta."

(Provérbios 22:7)

Já falamos sobre esse tema, mas é sempre bom reforçar. Dinheiro emprestado não nos pertence e deve ser tomado somente em casos de extrema necessidade. Quem poupa o seu próprio ganho, compra o que deseja, muitas vezes com desconto e, sobretudo, sem pagar juros ao banco ou ao rentista.

"Nunca vi o justo desamparado nem seus filhos mendigando o pão."

(Salmo 37:25)

NoviSalmo 79

PERDER O EMPREGO

Hoje eu tive um dissabor
E por isso estou sentido:
Meu trabalho foi tirado
Ó, Senhor, fui demitido...

Afastado do serviço,
Me preocupo, e com razão.
Peço a Deus que não me deixe
Sem arroz, sem meu feijão,
E garanta-me o sossego,
Se puder, com novo emprego
E uma honesta ocupação.

◆◆◆

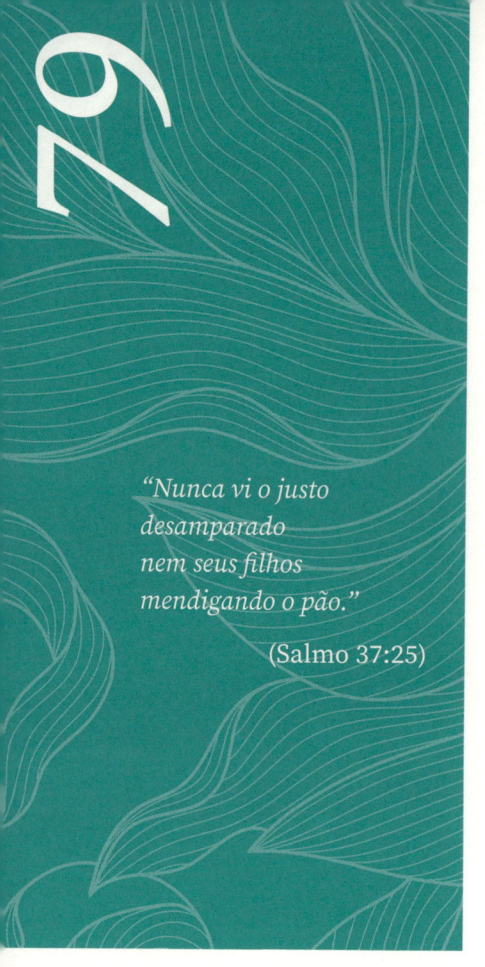

Coisa triste é ver um irmão desempregado, uma irmã demitida. É uma situação que desequilibra e tira o prumo de uma pessoa. E, nos tempos recentes, isso acontece com muito mais frequência. Ore a Deus e peça Sua ajuda. Ele não te deixará faltar o pão. Mas também seja precavido nos tempos em que você esteja empregado e tente fazer uma poupança para essas emergências. Quem poupa se garante e nunca é apanhado totalmente desprevenido nessas horas.

NoviSalmo 80

PERDER UM ENTE AMADO

Por que Deus veio buscar
Nosso ente tão amado
Se ele tinha a alma pura,
Era justo e respeitado?
Por que não outro vivente,
Um impuro ou indecente,
Desonesto ou desalmado?

Eu respondo: – *É porque o Pai*
Nunca faz algo de errado.
Se buscou um dos seus filhos
Isso foi premeditado.
Todos temos nossa hora,
Sem atraso, sem demora,
Como assim foi planejado.

E se Deus, em vez dele
Escolhesse outro, talvez,
Os pais desse também, tristes,
Chorariam por sua vez.
Cada um que Deus levar
Vai entristecer um lar
Por saudade ou viuvez.

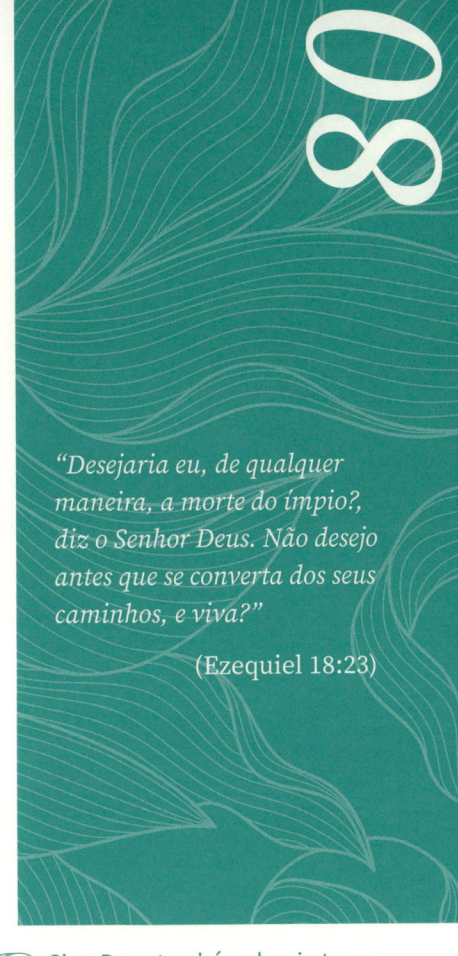

◆◆◆

"Desejaria eu, de qualquer maneira, a morte do ímpio?, diz o Senhor Deus. Não desejo antes que se converta dos seus caminhos, e viva?"

(Ezequiel 18:23)

Sim, Deus também deseja ter os bons, os mansos e os justos vivendo ao Seu lado. Respeitemos a vontade d'Ele. Todos nós morreremos um dia, uns antes, outros mais tarde e sempre conforme os planos do Senhor. Em sua lista não há setor VIP. Todos partirão: ricos e pobres, bons e maus, velhos e jovens, justos e pecadores.

81

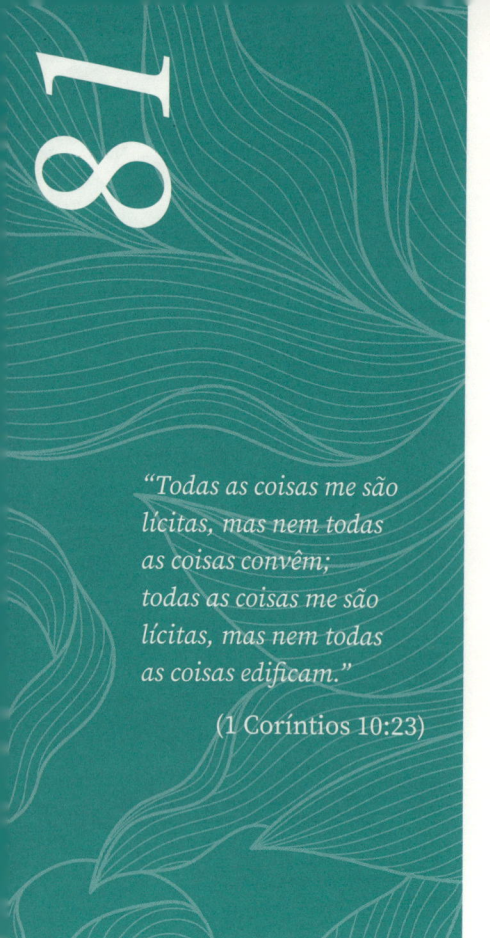

"Todas as coisas me são lícitas, mas nem todas as coisas convêm; todas as coisas me são lícitas, mas nem todas as coisas edificam."

(1 Coríntios 10:23)

NoviSalmo 81

NEM TUDO NOS CONVÉM

Não façamos certas coisas
Só por serem permitidas.
Vejam o fumo, por exemplo,
E o consumo de bebidas.
São aceitos pela lei,
Mas destroem-nos, eu sei,
E abreviam nossas vidas.

Eis que Paulo, lá na Bíblia,
Aos coríntios disse bem:
Nem tudo que nos é lícito
É correto e nos convém.
O conselho é rico e raro:
Basta ter juízo e, é claro,
Que nem todo mundo tem.

◆◆◆

Em Berlim, cidade para onde eu viajava frequentemente quando trabalhava na área de turismo, conheci uma pequena mercearia que vendia frutas deliciosas, em particular as maçãs. A proprietária era uma senhora muito simpática, a dona Emma. Por não ter funcionários, sempre que ela precisava se ausentar da loja, deixava na porta uma cesta cheia de maçãs, uma plaquinha com o preço delas e uma caixa de sapatos para os clientes deixarem o dinheiro e retirarem seu troco. Na caixa também estava escrito: "Se não tiver como pagar, leve uma grátis." Ela me contou que fazia isso há mais de vinte anos e raríssimas vezes havia dado pela falta de uma ou duas maçãs. Eu mesmo comprei muitas maçãs dessa forma. O local não tinha câmeras e, para todos os efeitos, as pessoas poderiam simplesmente pegar as frutas sem deixar o pagamento. E por que quase ninguém fazia isso? Simplesmente porque até seria permitido. Mas seria honesto? Seria lícito?

NoviSalmo 82

NADA DE NOVO SOB O SOL

Não há nada nesse mundo
Já não visto no passado.
Nada novo e surpreendente
Nunca feito, nem tentado.
Passam séculos e anos
E os humanos fazem planos,
Nada foi modificado.
Meu avô também pedia
Pelo pão de cada dia
E um futuro abençoado.

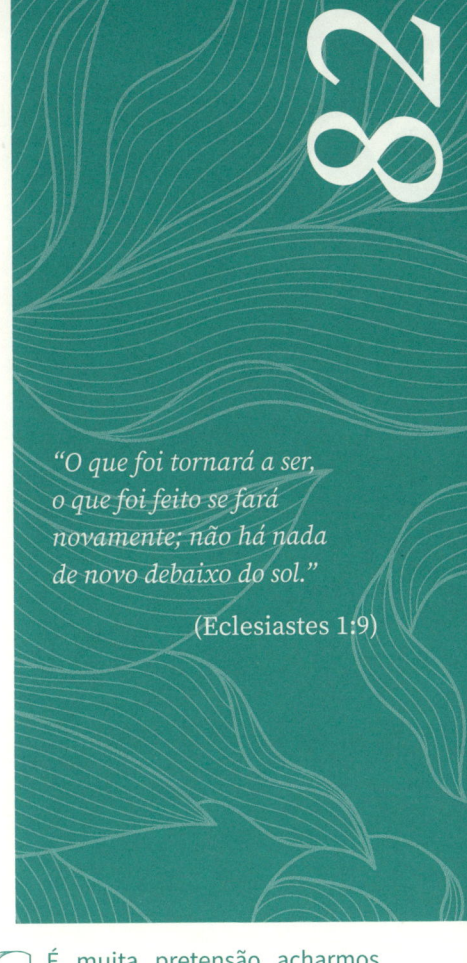

◆◆◆

"O que foi tornará a ser, o que foi feito se fará novamente; não há nada de novo debaixo do sol."

(Eclesiastes 1:9)

É muita pretensão acharmos que vivemos em um mundo mais avançado do que no tempo dos nossos bisavós. Tecnologicamente, talvez sim, mas a natureza humana permanece a mesma ao longo dos séculos. Recuemos 5 mil anos no tempo e veremos que em qualquer sociedade encontraremos justos e ímpios, honestos e trapaceiros, trabalhadores e preguiçosos. O Eclesiastes nos fala disso. Não há nada de novo sob o sol nem haverá até o dia do Juízo Final.

NoviSalmo 83

NOVOS JUDAS

Por somente trinta pratas
Em moedas, vil metal,
Revelou Judas sua face
De homem fraco, sem moral.
Por ganância, há muita gente
Que até hoje, no presente,
Também agiria igual.

Pela prata e ouro impuros
Há quem nunca hesitaria
Em trair seu próprio mestre
E, igualmente, o entregaria.
Passa o tempo e, com certeza,
A cobiça por riqueza
Jamais cessa ou se sacia.

◆◆◆

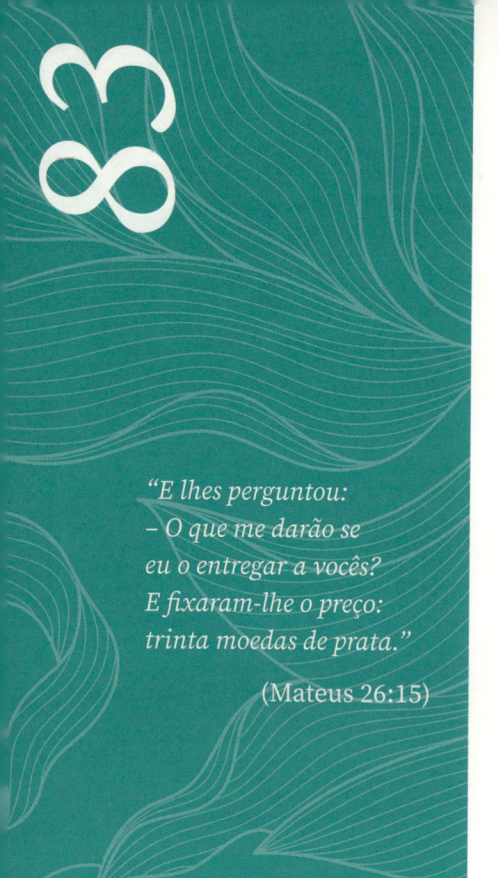

*"E lhes perguntou:
– O que me darão se
eu o entregar a vocês?
E fixaram-lhe o preço:
trinta moedas de prata."*

(Mateus 26:15)

A ganância desmedida é um mal antigo e grave desde os primórdios da humanidade. Trair, por dinheiro ou vantagem pessoal, um amigo e, ainda mais, um mestre que só espalhava mensagens de amor e doçura pelo mundo foi um pecado imperdoável. Mas também os dias de hoje seguem nos revelando novos Judas. Na política, nos negócios, nas uniões conjugais e até mesmo os Judas que traem a religião que professam. Coisa triste ver isso.

NoviSalmo 84

POR MEUS OLHOS

Obrigado, Deus meu Pai,
Pelos olhos que me deste.
Pelas cores que hoje enxergo,
Verde, rosa, azul-celeste.
Pelas flores que avistei,
E eu, pra sempre, me lembrarei
Desse Bem que me fizeste!

Obrigado, Deus meu Pai,
Pela clara nitidez
Com que posso ver o mundo
Que o Senhor criou e fez.
Eu sem eles penaria
E nas trevas viveria
Em completa invalidez.

Obrigado, Deus meu Pai,
Pela luz que me alumia,
Que clareia meus caminhos,
Que conduz e que me guia.
Sem bengala e sem bastão,
Sem temer a escuridão,
Te ofereço essa poesia.

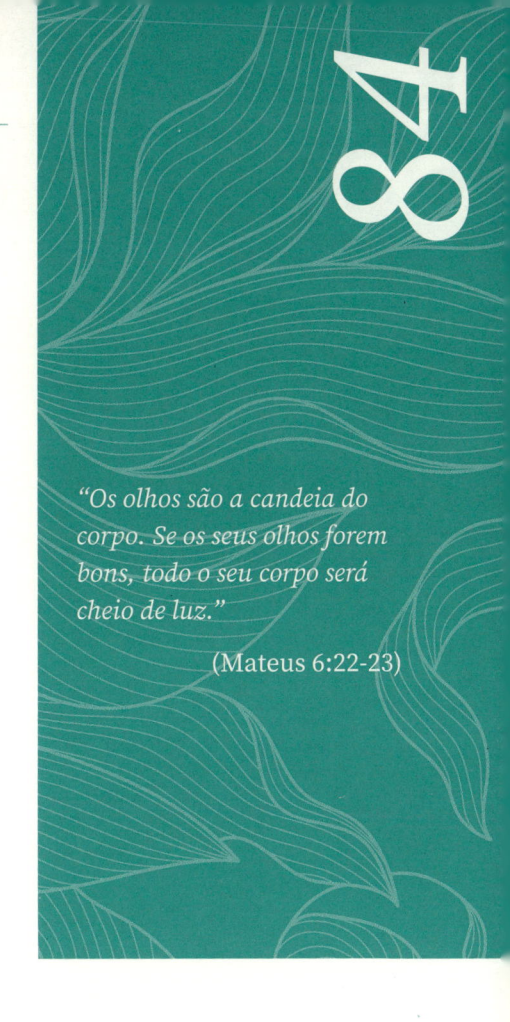

◆◆◆

"Os olhos são a candeia do corpo. Se os seus olhos forem bons, todo o seu corpo será cheio de luz."

(Mateus 6:22-23)

Recentemente passei por uma delicada operação nos olhos. Problemas na retina e duas cataratas gigantescas que turvavam minha visão e me fizeram, nos meses anteriores às cirurgias, mergulhar em um mundo enevoado e sem contraste nas cores, o que inviabilizava totalmente meu trabalho como ilustrador. Ao operar o primeiro dos olhos, o direito, já deixei o centro cirúrgico começando a me dar conta do quanto eu havia perdido – e, naquele momento, estava recuperando. As cores explodiam diante de mim, nítidas e vibrantes, plenas de contraste e definição. Então, me ajoelhei e agradeci a Deus e ao doutor André por esta bênção dos céus. A eles serei grato até o último dos meus dias.

NoviSalmo 85

O CEGO SEM BENGALA

Pode um cego sem bengala
Ou sem vara caminhar
Pelas trilhas dessa vida
Sem nas pedras tropeçar?
Pode, sim, e estranho é,
Mas o cego que tem fé
Não se priva de enxergar.

Pode um cego sem bengala,
Sem o auxílio de um bastão,
Caminhar por esse mundo
E encontrar sua direção?
Pode, sim, e isso eu digo:
Se tiver Jesus consigo,
Qualquer cego tem visão.

Pode um cego andar seguro,
E confiar nos passos seus,
Como fez Davi diante
Dos temidos filisteus?
Pode, e sem dificuldade,
Pois te afirmo que, em verdade,
Cego é só quem não tem Deus!

◆◆◆

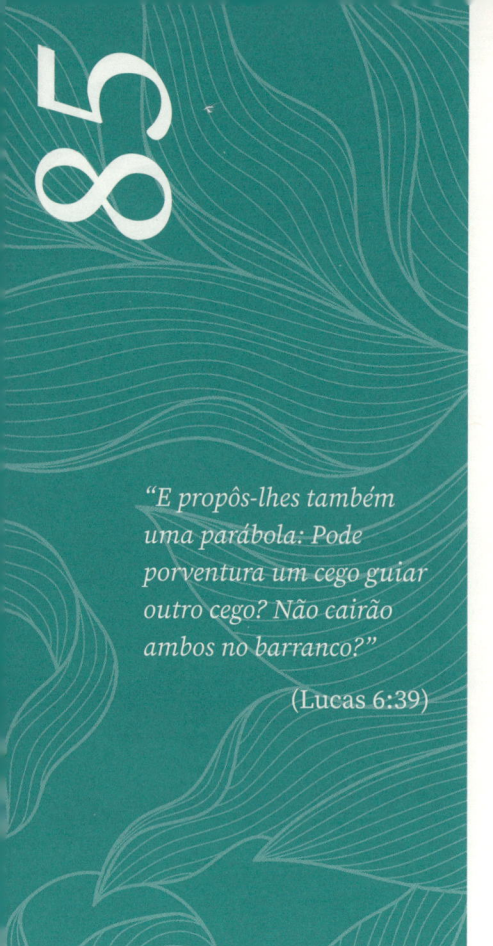

"E propôs-lhes também uma parábola: Pode porventura um cego guiar outro cego? Não cairão ambos no barranco?"

(Lucas 6:39)

O pior cego é aquele que não quer ver. Aquele que fecha os olhos para a luz de Deus e para a claridade das mensagens deixadas por seu filho, Jesus. O pior cego é o que tateia pelo mundo esbarrando em todo tipo de obstáculos que o Inimigo coloca em seu caminho. O pior cego é o que não quer abrir seus olhos e voltá-los para o rumo da Salvação. É o que não lava suas vistas com a Água Viva que jorra, abundante, do trono do Senhor.

NoviSalmo 86

DIFERENTES, QUASE IGUAIS

Nesse mundo vi pessoas
Tão perversas e brutais,
Capazes de maltratar
Sem piedade os animais.
Esses seres inocentes
São também nossos parentes,
Diferentes, quase iguais.

Criaturas de Deus Pai
Que vieram antes da gente
Povoaram a terra inteira
De maneira surpreendente.
Fazem jus à liberdade
Sem qualquer brutalidade,
Isso é claro e evidente.

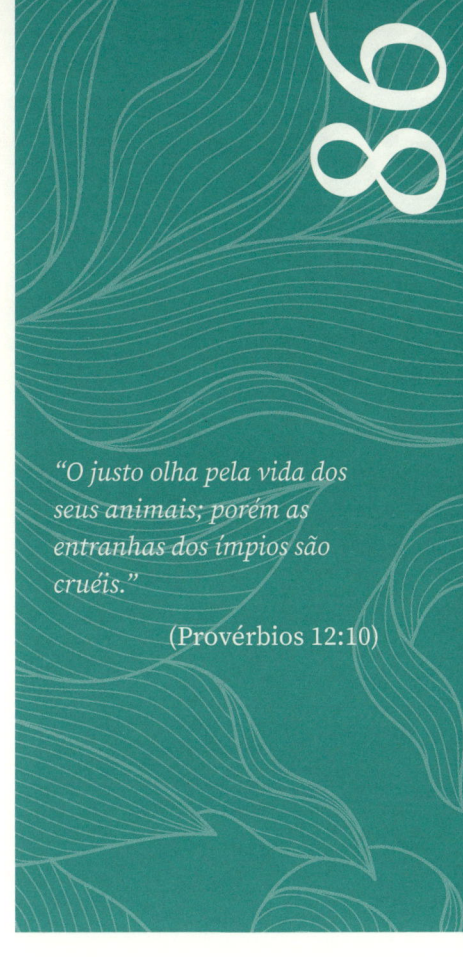

◆◆◆

"O justo olha pela vida dos seus animais; porém as entranhas dos ímpios são cruéis."

(Provérbios 12:10)

> Olhe para um cãozinho. Veja como eles são amorosos, inteligentes e leais. Veja como seus olhos brilham quando recebem carinho e atenção, como são companheiros incansáveis e demonstram isso de uma maneira extremamente clara. São como membros da família, só que menores e mais peludos. Pense agora em quem tem coragem de judiar e maltratar esse ser inocente. Quem faz uma coisa dessas vai passar um bom tempo ou talvez a eternidade pagando por este pecado. Haja fogueira!

"Como pendem inúteis as pernas do coxo, assim é o provérbio na boca do tolo."

(Provérbios 26:7)

NoviSalmo 87

MINHAS PERNAS

Agradeço a ti, Senhor,
Pelas pernas que me deste.
Com elas já rodei mundo:
Sul e norte, leste e oeste,
Eu caminho e tenho sorte,
Pois Deus Pai é o meu suporte,
Ele é o manto que me veste.

Mas, se eu ando de muletas
Ou em rodas de cadeira,
Agradeço, ó Deus, em dobro,
Pois a vida é passageira,
E, se for da Sua vontade,
Volto a andar com liberdade
Pela Eternidade inteira.

◆◆◆

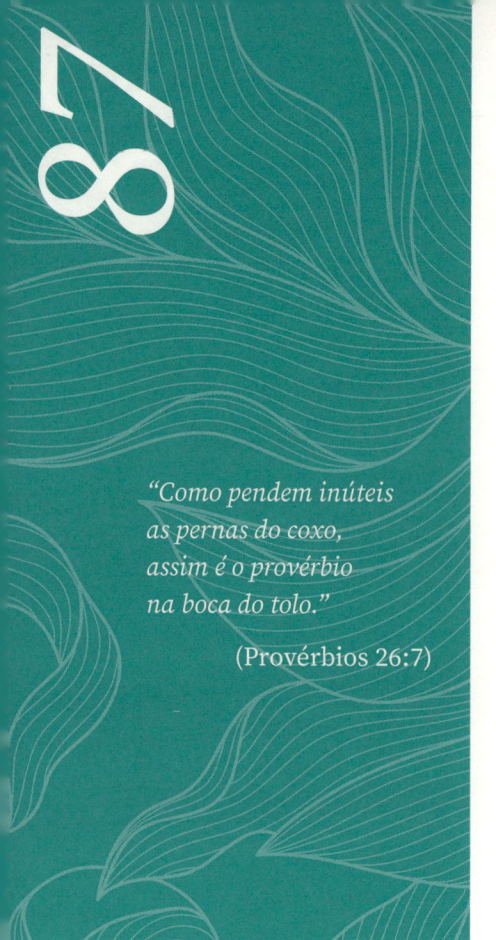

Nossas pernas são dois tesouros. Com elas ganhamos o mundo, nos deslocamos, chegamos e partimos quando bem entendemos. Mover-se livremente é uma dádiva dos céus. Pernas e pés são presentes que Deus nos deu e que muitas vezes só damos valor quando os perdemos.

NoviSalmo 88

SALMOS DA BÍBLIA

Os Salmos são belos cantos
E poesias de louvor.
Palavras de fé compostas
Com sincero e honesto amor,
Que veneram e agradecem,
Que elogiam e que enaltecem
A grandeza do Senhor.

Muitos deles são da Bíblia,
(Como os salmos de Davi).
Outros não pertencem ao Livro,
Como "estezinho" aqui.
Mas, com força de vontade,
Com fervor e honestidade,
Não tombei, nem desisti.

E este NoviSalmo entrego
A Deus Pai, nosso Senhor,
E ao Seu Filho abençoado,
Jesus Cristo, o Salvador.
Que Eles ouçam lá no céu
Essas rimas de cordel
De um sincero trovador.

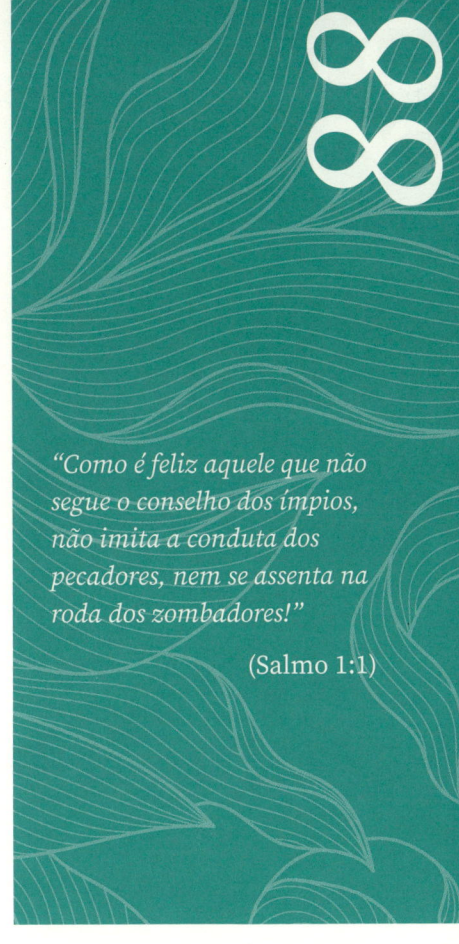

◆◆◆

"Como é feliz aquele que não segue o conselho dos ímpios, não imita a conduta dos pecadores, nem se assenta na roda dos zombadores!"

(Salmo 1:1)

O Livro dos Salmos é uma obra-prima de poesia e beleza. Na verdade, em sua maioria, são letras de antigas músicas e de hinos de louvor a Deus. As melodias originais se perderam através dos séculos, mas suas palavras e pensamentos foram preservados em sua essência. A poesia dos antigos hebreus não era baseada em rimas e métrica – como os versos de cordel –, mas em encadeamento de frases que se complementam na frase seguinte. A isto chamamos de paralelismo e é por este motivo que a poesia bíblica pode ser traduzida para qualquer outra língua sem que a mensagem do poeta seja perdida.

"'Pois este meu filho estava morto e voltou à vida; estava perdido e foi achado.' E começaram a festejar o seu regresso."

(Lucas 15:24)

NoviSalmo 89

PARA UM FILHO NAS DROGAS

Ó, Senhor, não desampare
Meu querido filho amado,
Que se encontra, infelizmente,
Pelas drogas dominado.
Miseráveis são seus dias
Nas vielas mais sombrias
Que percorre um viciado.

Senhor, livre-o das mãos sujas
Do perverso traficante,
Do policial violento,
Da prisão e do flagrante,
Da crise de abstinência,
Da loucura, da demência,
E mais peço neste instante:

Que meu filho caia em si
E que entregue o coração
Ao Senhor e siga as leis
Que norteiam o bom cristão.
Que ele fuja eternamente
Do maldito entorpecente,
E que alcance a Salvação.

◆◆◆

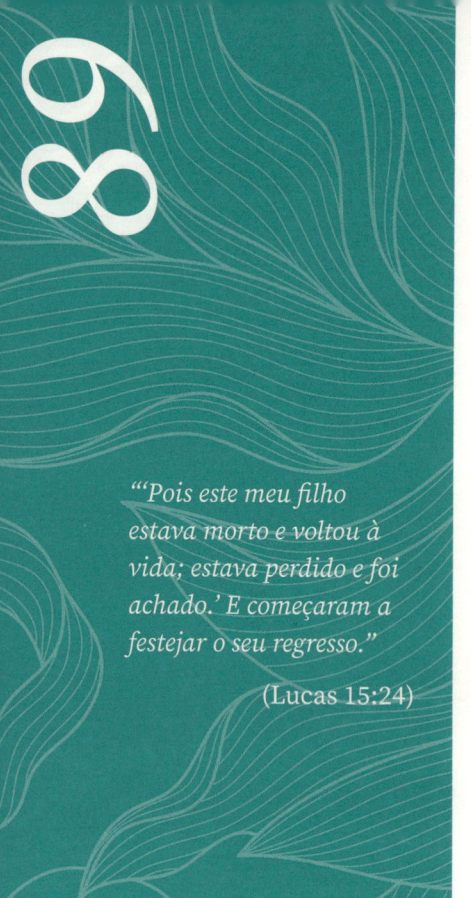

Me arrepio de indignação toda vez que vejo gente inteligente defendendo a liberação do consumo e da venda de drogas. Só quem nunca viu um filho, um amigo, uma pessoa próxima ter sua vida destruída por esse flagelo poderia assumir uma posição dessas.

A droga leva seu usuário a um caminho sem volta, uma existência miserável, e ainda arrasta consigo seus familiares. Para não falar no enriquecimento e fortalecimento dos que lucram com a venda dessas substâncias. Droga não é coisa de Deus, e sim daquele que nem precisamos mencionar o nome, não é mesmo?

NoviSalmo 90

EDUCAR MEUS FILHOS

A Deus rogo por auxílio
E segura condução
Pra criar, como se deve,
Meu filho do coração.
Deus, me traga bons palpites
Para que eu lhe dê limites
E correta educação.

Senhor, peço a Sua ajuda
Pra que o filho, ao bem crescer,
Tenha gosto pelo estudo
E desejo de vencer.
Que não ande em companhia
De farristas, na boemia,
Pra fumar e pra beber.

Que ele forme uma família,
Tenha emprego e profissão,
Com responsabilidade
Nas finanças e que não
Perca a estima por seus pais
Que o adoram por demais
E pra sempre o adorarão.

Finalmente, peço a Deus
Que o meu filho nunca esteja
Afastado da Palavra
De Jesus e de uma igreja.
E que nunca perca o amor
Pela Bíblia do Senhor,
Eu te imploro que assim seja.

❖❖❖

"Que todas estas palavras que hoje lhe ordeno estejam em seu coração. Ensine-as com persistência a seus filhos. Converse sobre elas quando estiver sentado em casa, quando estiver andando pelo caminho, quando se deitar e quando se levantar."

(Deuteronômio 6:6-7)

Criar bem os filhos nunca foi tarefa fácil. Nem agora, nem no passado. Basta ver a quantidade de vezes em que o assunto é mencionado na Bíblia, um livro milenar. Mas é inegável que os tempos modernos apresentam aos pais desafios ainda mais complexos e problemas que não existiam no passado: os perigos da internet, o vício em celulares e gadgets eletrônicos, drogas sintéticas, redes de pedofilia.

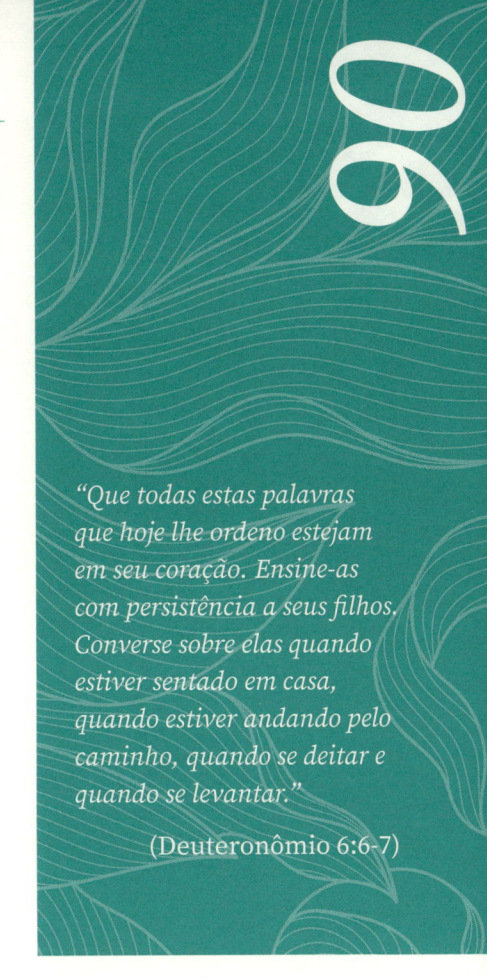

Por outro lado, também os pais têm cada vez menos tempo disponível para dar atenção aos filhos e acabam terceirizando essa função, enchendo-os com um sem número de atividades paralelas, cursos, esportes e escolas de tempo integral. Que Deus zele por essas famílias e as livre de todos os males.

NoviSalmo 91

DEUS ME TIRE DA CACHAÇA

A Deus peço, a Deus imploro,
Que me tire da cachaça,
Das cervejas, dos uísques
E das rodas de manguaça.
Deus me afaste dos botecos,
Que, em diários repetecos,
Só me trazem mais desgraça.

Quando bebo trato mal
Minha esposa e a filharada.
No trabalho, já comentam
Que não sirvo mais pra nada,
Que meu vício por bebida
Me domina e que minha vida
Já ruiu, desmoronada.

Deus me afaste dessa sina
De viver de dose em dose
Com problemas de intestino,
De pressão e de glicose,
Bafo ruim de cachaceiro,
Pé inchado o tempo inteiro
E a caminho da cirrose.

Deus me afaste da cachaça
E me guie até Jesus.
Sei que a pinga é o meu Calvário,
Que a cerveja é a minha cruz,
Mas desisto, com prazer,
Desse vício pra viver
Novamente em plena luz.

◆◆◆

"Não ande com os que se encharcam de vinho, nem com os que se empanturram de carne. Pois os bêbados e os glutões se empobrecerão, e a sonolência os vestirá de trapos."

(Provérbios 23:20-21)

As bebidas alcoólicas sempre estiveram associadas à alegria, a celebrações e festejos. Sim, mesmo nos tempos de Jesus, sabíamos que o vinho estava presente nas bodas, nos banquetes. Seu lado ruim, no entanto, se manifesta no excesso, no vício do alcoolismo que tantos males causa às pessoas e à sociedade. Que Deus ajude e dê forças a todos que desejam deixar a bebida e voltar a viver com dignidade e cabeça erguida.

NoviSalmo 92

RENASCER

Assim disse o Nazareno,
E é lição pra todo o povo:
"Ao Reino de Deus só chega
Quem puder nascer de novo."
E essa renascença, insisto,
É o nascer de novo em Cristo,
Como um pinto sai do ovo.

É morrer pra vida antiga
De total futilidade
Pra viver de outra maneira
E a Jesus ter lealdade.
É tratar com compaixão,
E carinho um nosso irmão,
Sendo justo de verdade.

É largar de vez os vícios
(Isso é duro, eu sei que é).
É levar um tapa e, ainda,
Dar sua outra face, até.
É sair da vida amarga,
Desistir da Porta Larga,
Pra louvar a Deus com fé.

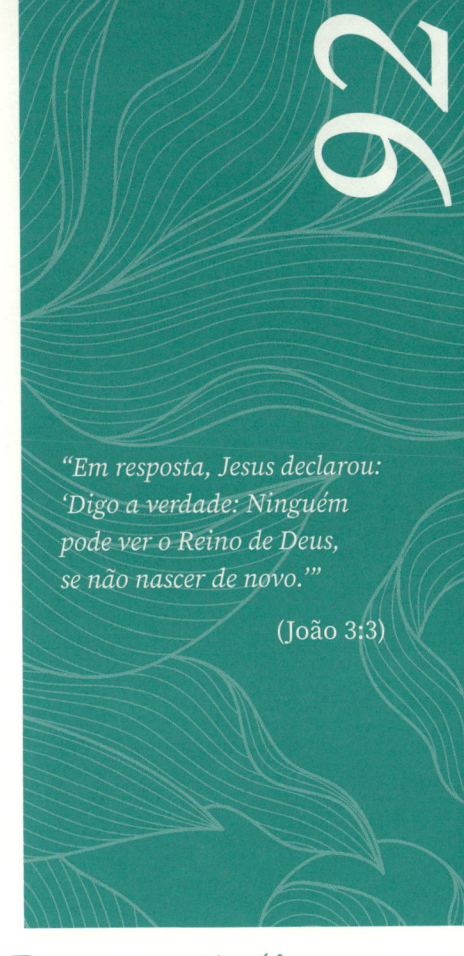

◆◆◆

"Em resposta, Jesus declarou: 'Digo a verdade: Ninguém pode ver o Reino de Deus, se não nascer de novo.'"

(João 3:3)

Renascer em Cristo é fazer como a esbelta borboleta que, ao sair voando, deixa pra trás a casca seca e a antiga aparência de lagarta. É abandonar um insatisfatório estilo de vida para assumir uma existência nova e seguir o caminho que nos leva a Deus. Reflitamos sobre isto.

"Tenham cuidado, para que vocês não destruam o fruto do nosso trabalho, antes sejam recompensados plenamente."

(2 João 1:8)

NoviSalmo 93

SEM ESFORÇO

Certa vez, em Jericó,
Jesus Cristo reuniu
Uma multidão de gente
E uma cena lá se viu:
Pra avistar melhor o Mestre,
Um baixinho então subiu
No tronco de uma figueira
E de lá a tudo assistiu.
Esse homem não fui eu,
O baixote era Zaqueu,
Que deu duro e conseguiu.

Sem esforço, quase nada
Obtemos nessa vida
E, às vezes, necessitamos
De uma árvore crescida
Para se ter melhor visão
Por cima da multidão
Numa praça reunida.

◆◆◆

A história de Zaqueu, o publicano baixinho, é bem representativa do que podemos conseguir quando realmente nos esforçamos. Na vida, a diferença entre perdedores e vitoriosos é determinada não só pelo talento, mas, sobretudo, pelo esforço e pela determinação de cada um de nós. Talento sem esforço é como um carro possante sem gasolina no tanque. Não vai nos levar a lugar algum.

NoviSalmo 94

VERSEJANDO COM PAULO
1 Coríntios 13:1-8

Se eu falasse a língua humana
E a dos anjos, eu diria
Que, se eu não tivesse amor,
Minha voz se calaria,
Pois, diante do Senhor,
Até um canto de louvor
Sem amor perde a poesia.

E mesmo com muito estudo,
Com total dedicação,
Pesquisando e conhecendo
As ciências, digo então
Que nem leigo, nem doutor,
Sem afeto e sem o amor,
Vão chegar à Salvação.

Ainda que minha fortuna
Eu doasse à caridade,
Ou que por minha fé penasse
Na fogueira (que maldade),
Nada disso sem o amor
Teria o menor valor,
Serventia ou validade.

Pois o amor é nobre e puro,
É sincero, é verdadeiro,
O amor jamais é duro,
É suave e é certeiro.
Ele é, como o Pai Jesus,
Um farol que nos traz luz
E ilumina o mundo inteiro.

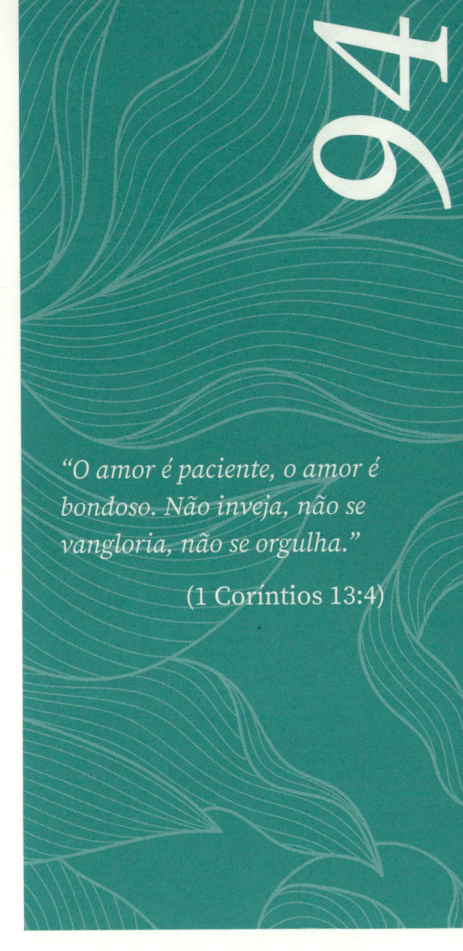

◆◆◆

"O amor é paciente, o amor é bondoso. Não inveja, não se vangloria, não se orgulha."

(1 Coríntios 13:4)

Uma das passagens mais poéticas da Bíblia é a descrição que o apóstolo Paulo nos fez sobre o amor. Tomamos a liberdade de a versejarmos em poesia de cordel, mas nada substitui a leitura de sua íntegra na Bíblia. Sim, o amor é a base e o princípio de tudo o que é bom. Amar a Deus sobre todas as coisas e amar o próximo como a nós mesmos. Simples assim.

"Lava-me de toda a minha culpa e purifica-me do meu pecado. Pois eu mesmo reconheço as minhas transgressões, e o meu pecado sempre me persegue."

(Salmo 51:2-3)

NoviSalmo 95

ATÉ O REI DAVI

Eis que mesmo o rei Davi
Viu-se um dia apaixonado
Pela esposa de outro homem
E enredou-se no pecado;
Bate-Seba o encantou,
Ele a viu e a cobiçou,
Parecia enfeitiçado.

E pecou mais forte ainda
Por um crime cometido:
Pra ficar com Bate-Seba,
E afastá-la do marido.
Davi soube ser canalha,
Enviando a uma batalha
Esse esposo já traído.

Urias morreu, e o plano
De Davi se viu cumprido,
Mas o Mal não prevalece
E o seu crime foi punido.

O Senhor, que tudo via,
Lá no Céu se entristeceu.
Deu castigo aos dois amantes
E Davi se arrependeu.
Em penitência e jejum,
No Salmo cinquenta e um,
Seu crime reconheceu.

O pecado mora ao lado,
Preste, pois, muita atenção,
Pois a tentação nos chega
De relance e supetão.
O pecado é ruim demais
E o que pouca gente faz
É pedir a Deus perdão.

◆◆◆

É verdade: mesmo Davi, um homem favorecido e amado por Deus, sucumbiu à tentação. Pecou quando desejou e se atirou nos braços de uma mulher casada com um de seus generais. Pecou ainda mais gravemente quando enviou esse marido, Urias, para uma batalha muito perigosa sabendo que ele certamente lá pereceria – e assim aconteceu. Mas Davi, refletindo sobre seus atos, pediu perdão a Deus e suportou calado a repreensão que recebeu do profeta Natã e a punição que recebeu do Senhor. No Salmo 51 da Bíblia podemos, por intermédio das palavras do próprio Davi, reconhecer a sinceridade de seu arrependimento. Vale a pena dar uma lida nele para conferir e refletir.

NoviSalmo 96

RECORDAÇÕES DO ÉDEN

Quero estar no céu um dia,
Mas por hora me contento
Com as belezas que Deus fez
Cá na Terra, como o vento,
Como um pôr do sol dourado,
Ou um pomar bem carregado
Com mil frutas e alimento.

Quero estar no céu um dia,
Mas a Terra é deslumbrante
Com cenários que despertam
Admiração constante:
Mares frios, glaciais,
Matas verdes tropicais,
Tudo lindo e deslumbrante.

São recordações distantes
De um jardim que, no passado,
Já foi nosso e o deixamos
Por um ato de pecado.
O Éden que abandonamos
E hoje em dia só choramos
Sobre o leite derramado.

Mas nem tudo está perdido
Neste mundo, com certeza.
Resta aqui na Terra um pouco
Dessa original beleza.
Deus nos dê sagacidade
E responsabilidade
Pra cuidar da natureza.

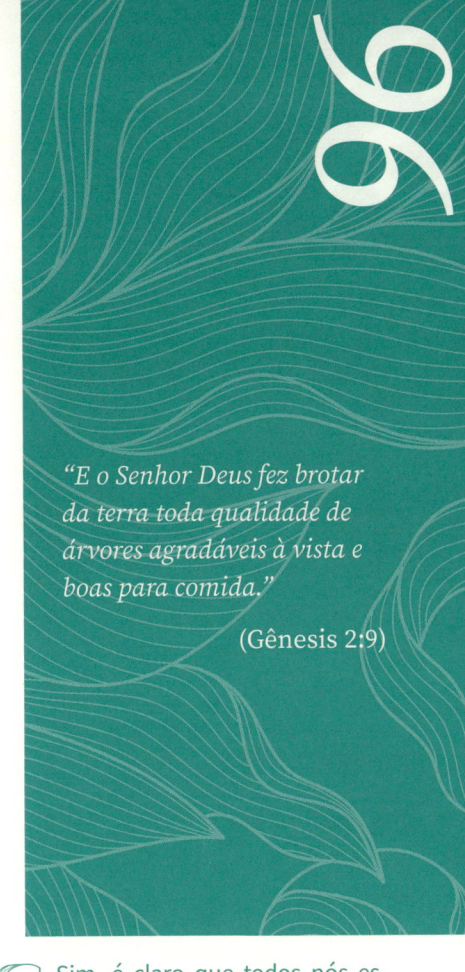

◆◆◆

"E o Senhor Deus fez brotar da terra toda qualidade de árvores agradáveis à vista e boas para comida."

(Gênesis 2:9)

Sim, é claro que todos nós estamos ansiosos para passar a Eternidade nos Jardins Celestes, lugar de belezas indescritíveis. Isso não nos impede, porém, de apreciarmos as belezas deste nosso mundo que, relembrando, também é obra do Senhor.
Sim, pelo Pecado Original perdemos o Éden, mas ainda herdamos muitos cenários de surpreendente formosura. Enquanto Deus não nos chama, vamos valorizar o que temos ao nosso redor e lutar por sua preservação. A inspiração para este NoviSalmo me veio ao me lembrar de um especial pôr do sol a que assisti no Pantanal há alguns anos.

NoviSalmo 97

CADA OVELHA É RELEVANTE

Mesmo tendo cem ovelhas
O pastor vai reparar
Se uma delas se perdeu,
E a perdida irá buscar.
Deus protege e nos garante:
– Cada ovelha é relevante,
Isso eu posso assegurar.

Deus é o nosso bom pastor,
Vigilante e sempre atento,
Junto a nós no dia a dia,
Com sol forte, chuva ou vento.
Ele é o guarda sem igual,
Que afugenta o lobo mau,
E, pra isso, tem talento.

◆◆◆

"Qual de vocês que, possuindo cem ovelhas, e perdendo uma, não deixa as noventa e nove no campo e vai atrás da ovelha perdida até encontrá-la?"

(Lucas 15:41)

Feliz da ovelha que possui um pastor atento e eficiente. Feliz do rebanho que é cuidado por quem jamais o deixará à mercê dos lobos e dos chacais. Assim é o Senhor conosco. Confiemos n'Ele e recordemos as palavras iniciais do inspirado Salmo 23 da Bíblia: "O Senhor é o meu Pastor, nada me faltará."

NoviSalmo 98

ORE! ORE!

Ore! Ore! E agradeça,
Pois Deus preza a gratidão.
Ore! Ore! E nosso Pai
Te dará toda a atenção.
De joelhos ou de pé
Ore em dobro e ponha fé
No sentido da oração.

Peça o que for necessário
E agradeça sempre mais,
Deus não negará o pedido
Nem te deixará jamais.

Ore! Ore! E se arrependa
(Com esperança no perdão).
Ore! Ore! E tenha calma,
Paciência, e eu digo, então:
Deus atenderá a demanda
Pois ao nosso lado anda
E nos oferece a mão!

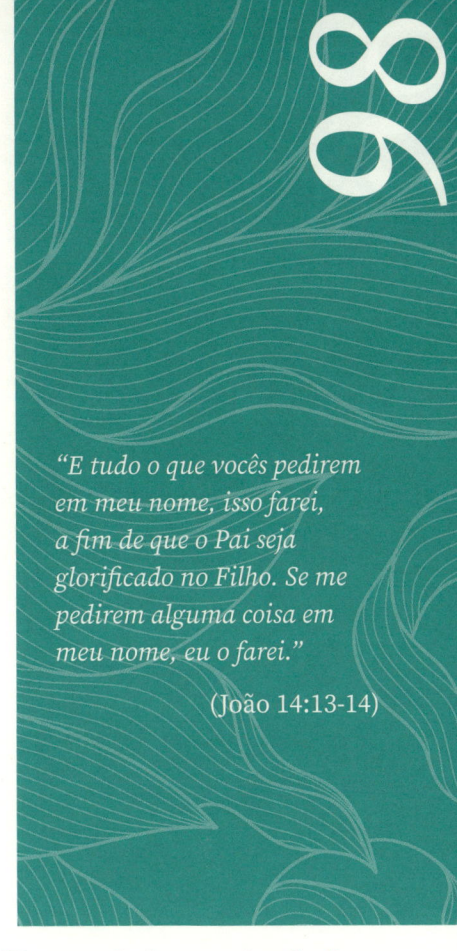

◆◆◆

"E tudo o que vocês pedirem em meu nome, isso farei, a fim de que o Pai seja glorificado no Filho. Se me pedirem alguma coisa em meu nome, eu o farei."

(João 14:13-14)

A oração é a nossa ligação direta com Deus sem intermediários, sem ruídos de comunicação, sem mal-entendidos ou frases interpretadas fora de contexto. Deve ser feita em silêncio, com toda concentração e sem fórmulas prontas. Ore! Ore! E verá como tudo tem conserto, tudo se ajeita e tudo termina bem se é Deus quem está pilotando o barco.

NoviSalmo 99

OBRAS INACABADAS

Peço a Deus que eu finalize
O que já foi começado,
Sem deixar pelo caminho
Um trabalho inacabado,
Já que tudo vem ao mundo
(Eis um dito bem profundo)
Pra ser visto e revelado.

Quero concluir mais obras
Sobre as obras do Senhor,
Divulgar suas palavras
Com poemas de louvor
E compor novas canções,
NoviSalmos e sermões,
Com paixão e destemor.

Peço a Deus que eu morra vendo
Meus trabalhos publicados,
Meus textos chegando a todos
Que nos leem, interessados.
Que meus anos de labor
Dedicados ao Senhor
Não sejam desperdiçados.

◆◆◆

"E disse-lhes: 'Vão pelo mundo todo e preguem o evangelho a todas as pessoas.'"

(Marcos 16:15)

Quando estive no hospital, quase à beira da morte, minha maior preocupação era que Deus me levasse antes de concluir alguns projetos literários justamente orientados para divulgar e glorificar a Palavra do Senhor. Naquele momento, orei a Deus e pedi-Lhe que me concedesse mais um tempo de vida para que eu atingisse esse meu propósito. Ele me ouviu e, ainda no hospital, retomei a escrita destes NoviSalmos, que, naquele momento, eram só um esboço de projeto. O livro que você, leitor, que você, leitora, tem em mãos agora é fruto direto de um pedido que fiz a Deus – e me foi atendido. Em nome de Jesus, amém.

NoviSalmo 100

SORRIA SEMPRE

Ter o coração alegre
Nos aformoseia o rosto.
Já um coração sofrido
Faz exatamente o oposto:
Tem efeito degradante,
Pois dureza no semblante
É sinal de algum desgosto.

Por isso sorria sempre,
Pois sorriso é vida e luz.
O sorrir traz energia,
Torna leve a nossa cruz.
E só vive em alegria,
Quem jamais se distancia
Da presença de Jesus.

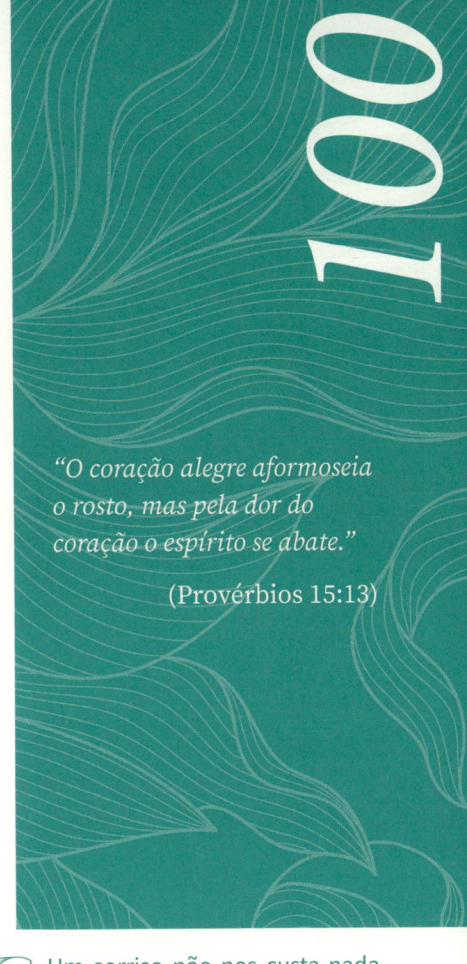

◆◆◆

"O coração alegre aformoseia o rosto, mas pela dor do coração o espírito se abate."

(Provérbios 15:13)

Um sorriso não nos custa nada e abre muitas portas. O sorriso, o damos de graça e nos traz recompensas gigantescas. Nos alegra e alegra quem o recebe. O bom humor alivia nossa carga, torna o nosso fardo mais leve e a vida mais prazerosa. O rosto sorridente convida ao diálogo, e o sisudo mantém nossos interlocutores receosos. Riso é vida, riso é leveza. Quem ama Deus tem esperança e... mil motivos para viver sorrindo.

NoviSalmo 101

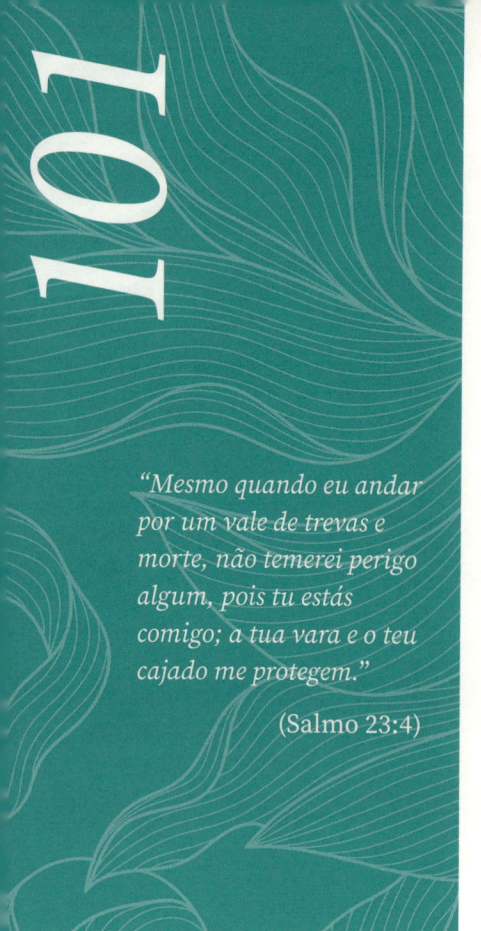

O SALMO 23 EM POESIA CAIPIRA

Se o Senhor é o fazendeiro,
Nadica vai me fartá.
Vou deitá num pasto verde,
Com sombra preu priguiçá.

O Senhor zela por nóis,
Aprumeia o corpo e a arma,
E banha com nóis num corgo,
Corgo manso de águas carma.

Nosso espríto ele arrefresca,
E aliveia pra daná,
Nas pinguela da justiça
Nóis travessa sem moiá.

E, num matagar de urtiga,
Coaiado de jararaca,
Muitas veis suzinho eu ia
Sem butina e sem guaiaca.

Mas Deus Pai, com seu porrete
De aroeira, me acudia.
Nas moita sentava a vara
E as cobra num me murdia.

Uma janta, eu peço a Deus,
Com mandioca e um feijãozim,
Pra amostrá pros inimigo
Que o Senhor chega ni mim.

E também peço um vidrim
Do perfume mais xonado,
E café de bule encheno
Meus caneco de esmartado.

"Mesmo quando eu andar por um vale de trevas e morte, não temerei perigo algum, pois tu estás comigo; a tua vara e o teu cajado me protegem."

(Salmo 23:4)

Agaranto que a bondade
E a misericórdia, antão,
Vão pousá lá no meu rancho,
Faça chuva ou tempo bão.

Na fazenda do Senhor
Nossa bóia nunca esfria.
O Patrão nos dá o carçado,
E os burro de montaria.
Vou pra beira dessa tuia
Me arranchá de mala e cuia
Inté o derradeiro dia.

Nossa prece vai findano
E com Deus vou me garrá,
Se o Senhor é o fazendeiro,
Ai, eu deixo o pau torá,
Sem cerca pra me contê,
Cabresto pra me prendê,
E arame pra me cercá.

◆◆◆

Certa vez fiquei imaginando as dificuldades de traduzir a Bíblia para tantos idiomas diferentes e iniciei essa tentativa de transpor o mais querido e mais citado salmo da Bíblia para o falar do homem simples do campo e seu "dialeto caipirês". Acrescentei também as rimas e a métrica dos folhetos de cordel. Aí está o resultado. Tentei, sempre que possível, preservar a essência e o sentido do salmo original "sem ofendê nadica, nadica, a belezura daquela prosa agraduada".

"A tua palavra é lâmpada que ilumina os meus passos e luz que clareia o meu caminho."

(Salmo 119:105)

NoviSalmo 102

ESTRADA DA VIDA

Senhor Deus, zele por mim
Com carinho e com brandura.
Ilumine meu caminho
Nessa longa estrada escura.
Alivie os pés feridos
Junto aos calos doloridos
De quem pisa a terra dura.

Essa Estrada é a nossa vida,
Nossa vida é longa estrada,
Estrada que é estreita via,
Via rude a ser trilhada,
Por nós todos, os mortais,
E a Deus eu peço em paz:
Mostre o rumo e só, mais nada.

◆◆◆

Comparar nossa vida com uma estrada é uma analogia acertada. Ambas têm início, meio e um destino final a ser alcançado pelo viajante. Existem estradas boas, retas e bem pavimentadas. Já outras, podem ser estreitas, pedregosas e cheias de curvas. Seja qual for a nossa, quando cai a noite, precisamos de bons faróis e, de tempos em tempos, de um posto de gasolina para abastecer nosso veículo e de uma parada para descansar os pés e tomar um cafezinho. Os faróis, o posto e a lanchonete, quem nos provê é Deus.

É Ele também nosso copiloto que vai apontando no mapa a direção certa para prosseguirmos. Sigamos esse rumo e relaxemos. Não há como se perder.

NoviSalmo 103

A MENINA DOS OLHOS

A menina dos seus olhos,
Ó Deus Pai, eu quero ser!
Protegido dessa forma,
Nada, nada irei temer.

Sob as asas do Senhor,
Bem seguro eu quero estar,
Sem ter medo de inimigos
Que só querem me atacar.
É o abrigo mais seguro
Desse mundo, eu te asseguro,
Pois o Pai vai me guardar.

Tanto Deus amou o mundo
Que seu filho ao mundo deu.
Pra que redimisse os homens
Esse filho padeceu.
Foi pregado numa cruz
O seu nome era Jesus
Que, já morto, reviveu.

Pelo gesto generoso
De remir nossos pecados
Deus nos pede, tão somente,
Que sejamos dedicados.
Que trilhemos com fervor
Os caminhos que o Senhor
Nos deixou sinalizados.

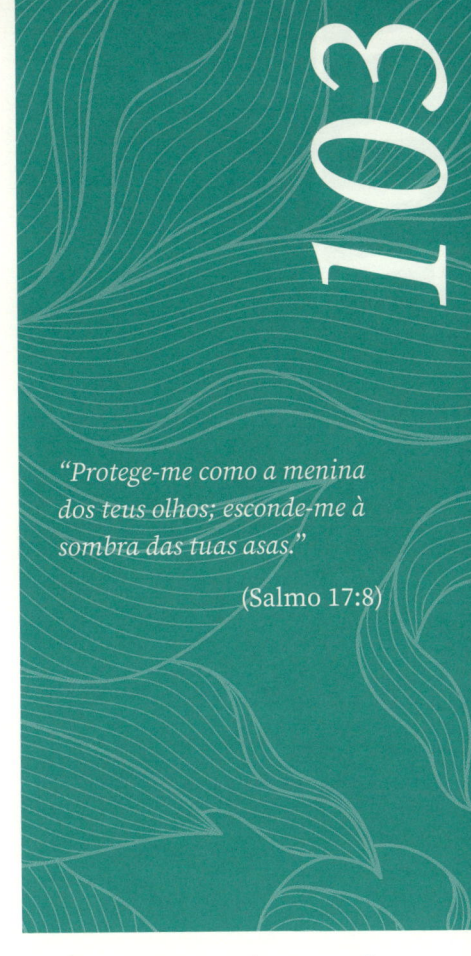

◆◆◆

"Protege-me como a menina dos teus olhos; esconde-me à sombra das tuas asas."

(Salmo 17:8)

Estar protegido sob as asas de Deus Pai. Eis meu sonho mais ousado. Estar a salvo dos perigos do mundo, da tentação do Maligno, da injustiça e deslealdade dos ímpios. Isso é possível? Sim. E, ainda que soframos alguma tribulação nessa vida, quem teme a Deus e segue seus preceitos será redimido e recompensado com uma Vida Eterna de paz, segurança e tranquilidade. Para Deus, os que o aceitam e o amam são tão preciosos como as pupilas de seus divinos olhos.

104

"Não vi templo algum na cidade, pois o Senhor Deus todo-poderoso e o Cordeiro são o seu templo."

(Apocalipse 21:22)

Deus não se impressiona com luxo e ostentação. Seu filho, Jesus, também veio ao mundo e daqui partiu sem nem tocar em ouro e prata. Por que razão, então, certas religiões insistem em construir templos espetaculosos e luxuosamente decorados? Para o Pai, um humilde – mas sincero – grupo de fiéis reunidos sob uma árvore numa pracinha tem tanto ou mais valor que os que se reúnem com suas melhores roupas em uma catedral forrada de veludo e douramentos.

NoviSalmo 104

VISTOSAS CATEDRAIS

Vejo igrejas suntuosas
E vistosas catedrais
Repletas de pratarias
E belíssimos vitrais.
Vejo imagens pra se olhar,
Vejo mesmo até um altar
Cravejado de cristais.

Nada disso serve a Deus,
Que não fica impressionado
Se as madeiras são de lei
Ou de simples compensado,
Se uma Bíblia é de brochura,
Se tem ouro e capa dura,
Isso é luxo e não diz nada.

Mesmo um culto improvisado
Num casebre humilde vai
Ter valor e serventia
Pra louvarmos nosso Pai.
Mas, se o templo é luxuoso,
Requintado e presunçoso,
Deus lá entra e triste sai.

Em Mateus 18, Cristo
Assim disse num sermão:
– *Onde duas ou três pessoas*
Estiverem em reunião,
Eu ali também estarei,
Com elas me sentarei
Para ouvi-las com atenção.

◆◆◆

NoviSalmo 105

PROFECIA

Hoje à noite em sonho eu vi
Jesus Cristo retornar
Num cavalo branco, e Ele
Vinha à frente a liderar
Cem mil anjos combatentes
De armaduras reluzentes
E com espadas pra lutar.

Uma voz no céu dizia:
– Quem mentiu não mente mais.
Quem os homens iludiu
Desde os tempos ancestrais
Vai deixar de ser valente,
Vai penar no fogo ardente,
Se prepare, Satanás!

Isso tudo eu vi num sonho
Como aquele de João,
Confirmando sua precisa
E fiel Revelação.
E alegrei-me ao recordar
Que Jesus vai nos livrar
De uma vez do Cramulhão!

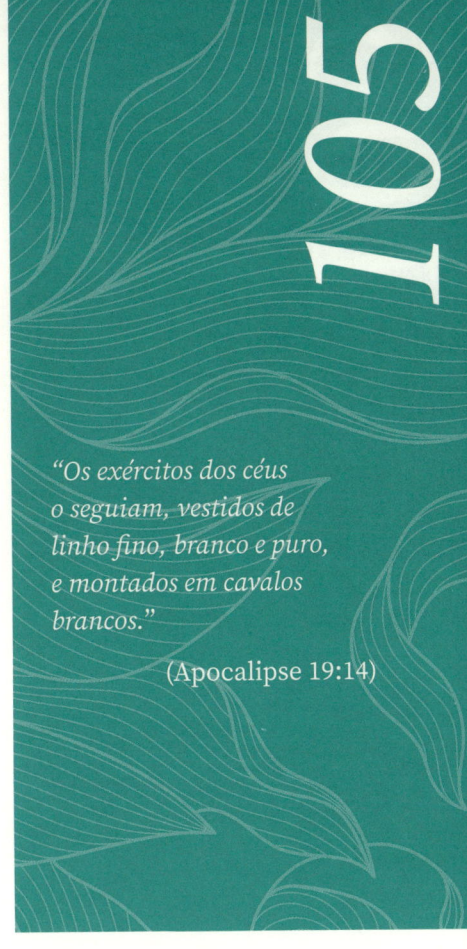

◆◆◆

"Os exércitos dos céus o seguiam, vestidos de linho fino, branco e puro, e montados em cavalos brancos."

(Apocalipse 19:14)

Uma das imagens mais impressionantes de toda a Bíblia é a do retorno triunfal de Jesus, montado em um cavalo branco, à frente de um exército de anjos guerreiros. Eles descem do céu para a batalha final contra o Maligno, e foi essa cena que me veio em sonho algumas semanas atrás. Não sou muito de sonhar, mas essa cena veio bem nítida e me deixou bastante impressionado. O Apocalipse é um livro fascinante e lá encontramos respostas para muitas dúvidas sobre os eventos que acontecerão no Fim dos Tempos e o destino grandioso que nos reserva o Senhor para breve. Muito breve.

106

"Tudo posso naquele que me fortalece."

(Filipenses 4:13)

NoviSalmo 106

O SENHOR ME FORTALECE

O Senhor me fortalece
E me traz disposição
Pra ganhar meu pão diário
Com fartura e, além do pão,
Me dá força de vontade
Pra dar duro de verdade
Em qualquer ocasião.

Retribuo sendo honesto,
(Como deve um bom cristão),
Também tento ser humilde,
Sem viver na ostentação.
O Senhor me fortalece,
Sendo o cobertor que aquece
E me esquenta o coração.

◆◆◆

Se marchamos com Deus ao nosso lado, o que temos a temer? Se é para Ele que entregamos nosso coração, o que temos a recear? Se é Nele que confiamos, o que pode nos atingir? Deus é a vitamina que me fortalece, o escudo que me protege e a coluna que me sustenta.

NoviSalmo 107 ───────────

PARA DEUS TUDO É POSSÍVEL

Não há nada que Deus pense
E não faça quando queira:
Ele pode, por exemplo,
Colher manga em goiabeira,
Fazer velho novamente
Subir morro sem canseira,
E domingo andar de ré
Pra cair na sexta-feira,
Fazer noite virar dia,
Elefante dar bom dia,
E até lesma ser ligeira.

Nada mesmo é impossível
Para os dons do Criador:
Dar nozinho em pingo d'água,
Fazer céu mudar de cor.
Fazer gente ir ao dentista
Sem ter medo de ter dor.
Fazer rio andar pra trás
E, querendo, também faz
Jumento virar doutor.

Quanto a nós, temos amarras
Que limitam nossa ação,
E de Deus necessitamos
Pra alcançar a Salvação.
E Ele, então, que tudo pode,
Vem correndo e nos acode
Com Sua graça e Seu perdão.

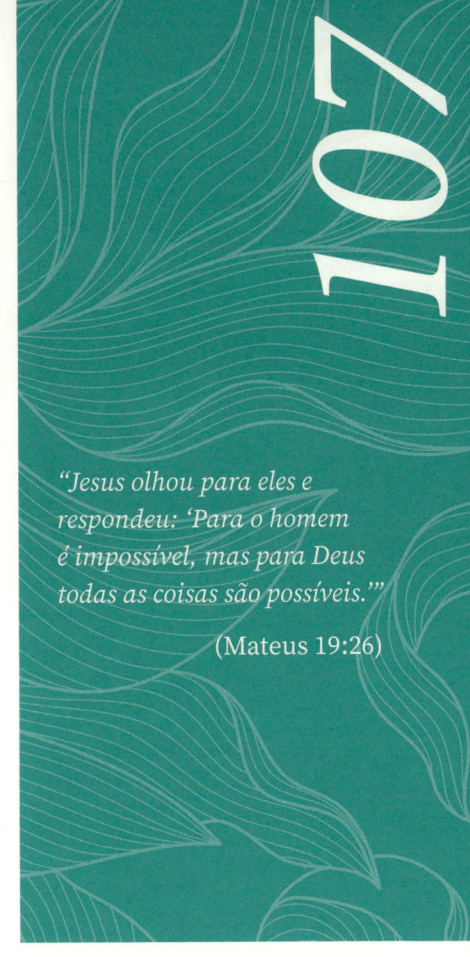

◆◆◆

"Jesus olhou para eles e respondeu: 'Para o homem é impossível, mas para Deus todas as coisas são possíveis.'"

(Mateus 19:26)

Todos nós estamos cientes de nossas limitações. Sem aparelhos, podemos caminhar e correr, mas não voar. Podemos viver cem anos, mas não duzentos. Podemos ver o corpo físico de alguém, mas jamais conseguiremos enxergar sua alma. Já, para Deus, NADA é impossível. Para Ele, a situação mais desesperadora pode ser revertida, o milagre mais difícil pode ser realizado, o objetivo mais ousado pode ser atingido. Então, não se acanhe de pedir-Lhe algo que você mesmo julga improvável. Peça, espere e tenha fé. A resposta do Pai à sua prece pode te surpreender. E muito!

NoviSalmo 108

CÃES E LOBOS

Cães e lobos se parecem
Mas iguais eles não são.
E, em poesia, aqui faremos
A justa comparação.

A bondade é o cão pastor:
Tem rebanho pra cuidar.
A maldade é como o lobo:
Mata ovelhas pra jantar.

A bondade é o cão da gente:
Nosso amigo e protetor.
A maldade é o bruto lobo:
Que detesta o bom pastor.

A bondade é o cão que late:
Nos alerta e espanta o mal.
Já o lobo, silencioso,
Nos ataca sem sinal.

A bondade é mais canina,
E lupina é a maldade.
São opostas e parecem
Água e óleo, na verdade.
Uma é só virtude e amor,
A outra nos traz temor,
E é doutora em falsidade.

◆◆◆

"Sei que, depois da minha partida, lobos ferozes penetrarão no meio de vocês e não pouparão o rebanho."

(Atos dos Apóstolos 20:29)

O Mal e o Bem, apesar de serem opostos, às vezes se nos apresentam com aparências muito semelhantes. Assim como os lobos e os cães que, embora parecidos, têm índoles e instintos muito diferentes e podem acabar confundindo os desavisados. Afinal, na vida, quantas vezes fazemos escolhas erradas e caímos nas garras de lobos que pensávamos que eram inocentes e simpáticos cãezinhos? Não se iludam, irmãos, o Inimigo não nos aparecerá com chifres retorcidos, pele vermelha, rabo pontudo e barbicha de bode. Ele tentará nos iludir chegando como um belo moço ou linda jovem de sorriso angelical. Olho vivo, minha gente!

"Por onde forem, preguem esta mensagem: O Reino dos Céus está próximo."

(Mateus 10:7)

NoviSalmo 109

DIVULGAR A PALAVRA

Muita gente age errado
Somente por não saber
Quase nada sobre o livro
Mais perfeito pra se ler.
É a Bíblia, meus irmãos,
A obra que nós cristãos
Mais devemos conhecer.

Esse livro traz o ensino
Dos preceitos de Jesus,
E ele, rumo à Vida Eterna,
Firmemente nos conduz.
Muita gente o desconhece,
Nasce, vive e, ao fim, perece
Sem banhar-se com a sua luz.

É por isso que devemos
(Quando houver ocasião)
Divulgar os evangelhos,
Comentá-los com o povão.
Converter, dia após dia,
E alertar quem não sabia
Que Jesus é a Salvação.

Desconhecimento gera
Diversão pros debochados,
Como a multidão raivosa
De homens rudes e soldados
Que uma tarde, ao pé da cruz,
Insultaram o Rei Jesus
O xingando em altos brados.

Mesmo assim Cristo pediu
Que Deus desse-lhes perdão:
– *Pois não sabem o que fazem.*
E aqui fica a sugestão:
A Palavra nós devemos
Divulgar como podemos
Aos que creem e aos que não.

Só assim talvez mudemos
Com doçura este mundão,
Conscientizando os homens
Pelo exemplo e pela ação.
Quem a Bíblia nunca leu
Ou a leu, mas se esqueceu,
Pensa e age sem razão.

◆◆◆

Nem todos os que vivem afastados de Deus o fazem por determinação própria. Muitos agem assim simplesmente por desconhecerem os ensinamentos de Jesus, por jamais terem lido a Bíblia ou ouvido as palavras de um pregador que os orientasse em assuntos de fé. Hoje é comum vermos famílias que não frequentam serviços religiosos e que, por não terem conhecimento e apreço sobre o assunto, também não conversam sobre Deus com os seus filhos.
Por isto é importante que sempre divulguemos a Palavra do Senhor. Que procuremos falar sobre a Bíblia, replicar e espalhar os ensinamentos de Jesus A QUEM DEMONSTRAR INTERESSE. Sem insistir, nem aborrecer quem não estiver aberto e receptivo.

110

"Até o insensato passará por sábio se ficar quieto."

(Provérbios 17:28)

> "Em boca fechada não entra mosca", diz um velho ditado. Já um outro afirma que "o peixe morre pela boca". Ambos corretíssimos. Falar demais é revelar informações que podem, um dia, ser usadas contra nós mesmos. Quem muito se expõe corre mais riscos. Reflitamos sobre isto.

NoviSalmo 110

A LÍNGUA DE SANSÃO

Mesmo um tolo pode ser
Facilmente confundido
Com um inteligente sábio
E passar despercebido.
O segredo é comprovado:
Basta só ficar calado,
Dizia um provérbio antigo.

Quem fala demais se expõe,
Veja o exemplo de Sansão
Que a Dalila revelou
Seu segredo e logo, então,
Sua força ele perdeu,
E em masmorras padeceu
Suportando a escravidão.

Cuide bem de sua língua
Não fale de sua riqueza,
Não divulgue seus tesouros,
Pois te aviso, com certeza,
Que a inveja do invejoso
E a cobiça do maldoso
Vão deixar-te na pobreza.

◆◆◆

NoviSalmo 111

ARQUITETOS DE BABEL!

Não sejamos como aqueles
Arquitetos de Babel.
Sem Jesus ninguém jamais
Chegará direto ao céu.
Homens tolos, presunçosos,
Viram sonhos grandiosos
Irem, assim, pro beleléu.

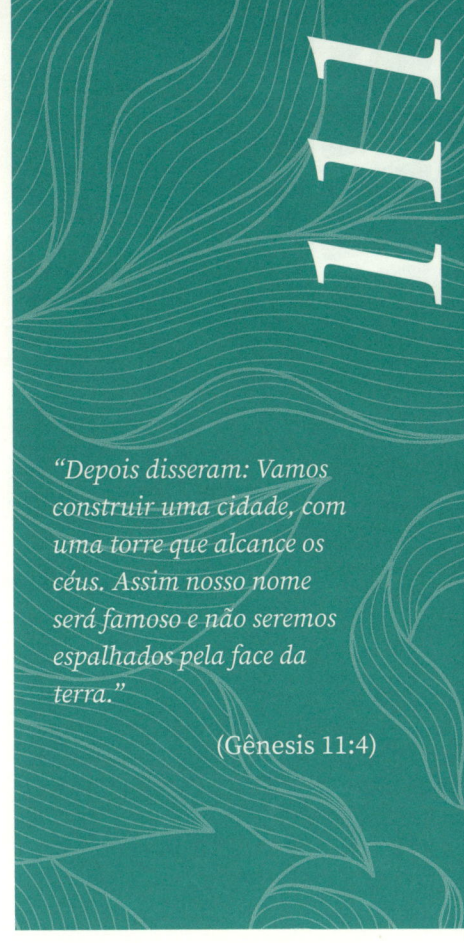

◆◆◆

"Depois disseram: Vamos construir uma cidade, com uma torre que alcance os céus. Assim nosso nome será famoso e não seremos espalhados pela face da terra."

(Gênesis 11:4)

Foi mesmo muita presunção desses homens imaginarem que poderiam construir uma torre tão alta que chegasse ao céu, onde Deus habita. E toda presunção é punida. O Criador fez com que cada um deles falasse uma língua diferente, e assim, sem poderem se comunicar, abandonaram o projeto e a torre de Babel ruiu e virou pó. Como, aliás, todos os projetos que desafiam a superioridade e a onipotência de Deus. Mas o espírito dos arquitetos de Babel continua vivo. Há muita gente querendo "brincar de Deus", principalmente no campo da manipulação genética de homens, plantas e animais.

"'Dividiram as minhas roupas entre si, e tiraram sortes pelas minhas vestes.' Foi o que os soldados fizeram."

(Lucas 15:41)

NoviSalmo 112

TENHA PENA DE QUEM PENA

Não seja como os romanos,
Insolentes, debochados,
Que apostaram as vestimentas
De Jesus rolando dados.
Diante da Santa Cruz,
Capa, túnica e capuz,
Foram em sorte disputados.

"Tenha pena de quem pena",
A lição é das mais nobres.
E misericórdia plena
Pelos fracos, pelos pobres.

◆◆◆

Quem não pratica a misericórdia é frio e insensível para o sofrimento dos que o rodeiam. É cego para os problemas alheios e surdo para quem solicita sua ajuda em momentos de angústia. É gente que ri de quem chora, debocha de quem pena, escarnece de quem fraqueja.

NoviSalmo 113

VENDILHÕES NO TEMPLO

Há no mundo sacerdotes
Que só querem transformar
Sua igreja num mercado,
Shopping Center ou bazar,
Fuja deles com firmeza,
Pois num templo, com certeza,
Não se deve comerciar.

Sacerdotes já vi muitos,
Por este Brasil inteiro,
Que só pensam no fiel
Como fonte de dinheiro.
Vendem livros, excursões,
Pedem fundos, doações
E prometem o Céu inteiro.

O remédio contra esses
Vorazes espertalhões
Quem nos deu foi Jesus Cristo
Em uma de suas lições:
Com um chicote, nessa hora,
O Senhor botou pra fora
Lá do templo os vendilhões.

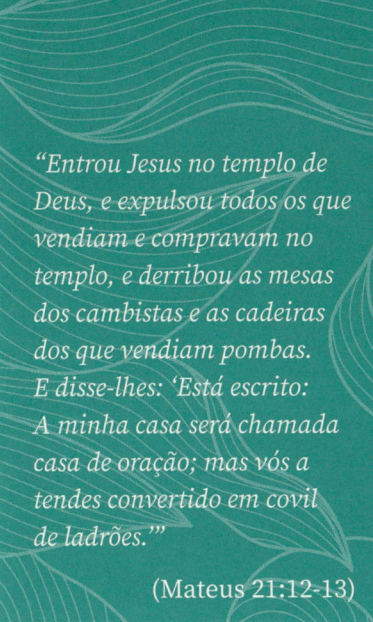

◆◆◆

"Entrou Jesus no templo de Deus, e expulsou todos os que vendiam e compravam no templo, e derribou as mesas dos cambistas e as cadeiras dos que vendiam pombas. E disse-lhes: 'Está escrito: A minha casa será chamada casa de oração; mas vós a tendes convertido em covil de ladrões.'"

(Mateus 21:12-13)

Esse foi um dos raríssimos momentos em que Jesus perdeu a calma. De chicote em punho, ele expulsou os comerciantes que haviam transformado o templo numa verdadeira praça de comércio. Assim também agem, até hoje, certos sacerdotes, que, movidos pela ganância desmedida, não perdem uma só oportunidade de arrancar o que puderem do bolso dos fiéis.

114

"Assim diz o Senhor: 'Eles comerão, e ainda sobrará.'"

(2 Reis 4:43)

NoviSalmo 114

ÁGUA VIVA, PÃES E PEIXES

Quem tem fé não passa fome
Por falta de peixe e pão.
Se faltarem, Jesus enche
(Pela multiplicação)
Uma rica e farta mesa
E teremos, com certeza,
Garantida a refeição.

Quem tem fé não sente sede,
Nem padece de secura.
No Reino do Céu teremos
Mil nascentes de água pura,
E, no Rio da Vida, a gente
Beberá, frequentemente,
Água viva, que nos cura.

◆◆◆

Um dos maiores medos do ser humano é o de que lhe faltem comida e água. O pão nosso de cada dia é sagrado. É o que nos nutre e nos dá força para viver e trabalhar. Deus está sempre muito atento a essa nossa necessidade. Não foi Ele que fez cair o maná dos céus para saciar a fome dos hebreus no deserto? Não foi seu filho, Jesus, que multiplicou pães e peixes para alimentar uma multidão? Não foi ainda Jesus que fez vir toneladas de peixes à rede dos pescadores sem sorte? Tranquilizem-se, irmãos. O Senhor proverá!

NoviSalmo 115 ——————————

MIL PROJETOS INICIADOS

Não comece mil tarefas,
Mil projetos arrojados
Que não vão ser concluídos
Nem um dia terminados.
Esse poço não tem fundo,
Não queira abraçar o mundo
Com esforços tresloucados.

É melhor fazer o menos,
Mas findá-lo de verdade.
Pois o pouco vira muito
Se é feito com qualidade.
Realize o suficiente
De maneira competente
Com sorriso e boa vontade.

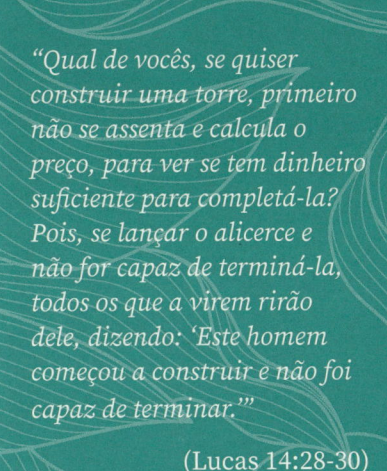

◆◆◆

"Qual de vocês, se quiser construir uma torre, primeiro não se assenta e calcula o preço, para ver se tem dinheiro suficiente para completá-la? Pois, se lançar o alicerce e não for capaz de terminá-la, todos os que a virem rirão dele, dizendo: 'Este homem começou a construir e não foi capaz de terminar.'"

(Lucas 14:28-30)

Em verdade, em verdade vos digo que quem vai ao supermercado e quer levar até o caixa dez garrafas de vidro precisa de um carrinho. Se insistirmos em acomodá-las somente em nossos braços, corremos o sério risco de deixar as dez caírem e se espatifarem no chão. Assim age quem inicia muitas obras ao mesmo tempo sem cálculo ou planejamento.

"Será inútil levantar cedo e dormir tarde, trabalhando arduamente por alimento. O Senhor concede o sono àqueles a quem ele ama."

(Salmo 127:2)

NoviSalmo 116

AGENDA LOTADA

Sua agenda está lotada
E ela nunca se esvazia?
Repleta de compromissos
Dia e noite, noite e dia?
Sobra tempo para orar,
E com Deus sozinho estar
Sem apuro ou correria?

Se você disse "sim", "sim"
E finalizou com um "não",
Sua vida anda encrencada,
Fique atento, caro irmão:
O estresse persistente
Arruína, quebra a gente
E adoece o coração.

Então viva mais a vida,
Aproveite o sol do dia.
Viaje com mais frequência,
Leia um livro de poesia.
E, de noite, em seu colchão,
Fale a Deus pela oração,
Veja o bem que isso faria!

◆◆◆

Há um tempo para trabalhar e um tempo para repousar. Trabalho sem descanso e descanso sem trabalho são, ambos, prejudiciais ao ser humano. E hoje, mais do que nos tempos antigos, acumulamos tarefas que avançam pelo tempo em que deveríamos estar relaxando. São e-mails urgentes para responder, relatórios para apresentar, documentos para estudar, telefonemas para retornar... E, quando finalmente nos deitamos, cadê disposição para conversar com Deus? Para orar, para pedir e agradecer?

NoviSalmo 117

LOBO DEVORADOR

Como Cristo, às vezes temos
Entre nós um traidor
Se passando por amigo
E fingindo ter valor.
Mas esse sujeito imundo
Lá no fundo, lá no fundo,
É um lobo devorador.

Ele senta em nossa mesa,
Como Judas fez na ceia,
E com gestos e palavras
Nos encanta e lisonjeia.
Mas com fria falsidade
Espera a oportunidade
E, sem dó, nos trapaceia.

Assim fez o Iscariotes
Lá na Ceia do Senhor,
E a quantia oferecida
Foi o engodo tentador.
Judas tudo recebeu.
Mas na forca pereceu
Como um lobo traidor.

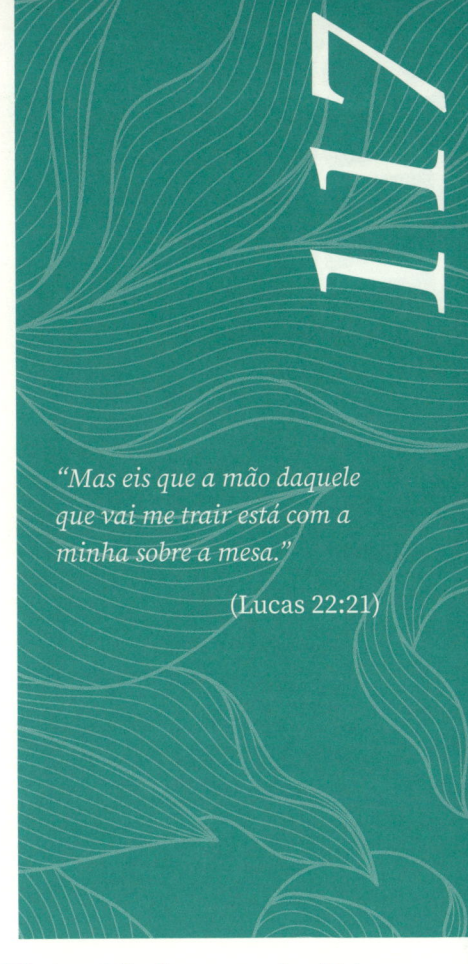

◆◆◆

"Mas eis que a mão daquele que vai me trair está com a minha sobre a mesa."

(Lucas 22:21)

A traição é um pecado abjeto, pois é praticado contra quem mais confia e conta com a nossa lealdade. É um pecado de dissimulação e falsidade. De palavras de mel que mascaram o sabor do amargo fel. O traidor é como a serpente que espera imóvel que a vítima se aproxime para, então, de surpresa, dar o bote e destilar seu veneno peçonhento.

118

"Acaso não sabem que o corpo de vocês é santuário do Espírito Santo que habita em vocês, que lhes foi dado por Deus, e que vocês não são de vocês mesmos? Vocês foram comprados por alto preço. Portanto, glorifiquem a Deus com o seu próprio corpo."

(1 Coríntios 6:19-20)

O vício de baforar fumaça de tabaco já seria bem grave se prejudicasse somente os que o praticam. Mas ele vai além. Quem convive com um fumante também inala, passivamente, as mesmas toxinas e substâncias químicas do cigarro. Quando o fumante, em virtude do seu vício, cai doente, é ele que ajuda a sobrecarregar o Sistema de Saúde, é ele que dependerá de familiares que o cuidem em casa ou em hospitais. É ele que trocará uma velhice saudável por um fim de vida melancólico e sofrido.

NoviSalmo 118

LONGE DO CIGARRO

A Deus peço que me afaste
Pra bem longe do cigarro,
Que me tire a tosse seca,
Que elimine meu pigarro,
Que dê fim à minha sina
De viver com a nicotina,
Essa droga em que me agarro!

Peço a Deus sua divina
E potente intervenção
Pra livrar-me do enfisema
E da má circulação,
Pra que eu viva um bom milênio
Sem balão de oxigênio
E sem câncer de pulmão.

Deus em ti ponho minha fé,
Pois confio no seu taco.
Juntos, juntos, nós seremos
Farinha do mesmo saco.
Lutarei como um leão
E te faço, em oração,
Pra afastar-me do tabaco.

◆◆◆

NoviSalmo 119

PARA UM RECÉM-NASCIDO

Acabou-se a longa espera
E cumpriu-se o prometido:
Veio à luz este inocente,
Que, com Deus, foi concebido
E, chegando ao nosso mundo,
Recebeu amor profundo,
Foi amado e foi querido.

A Deus, rogo que o ajude
A crescer em segurança.
Peço ainda que vigie
E auxilie esta criança.
Que lhe dê saúde, pão,
E uma boa educação
Com juízo e temperança.

Que ele cresça com energia
E plena vitalidade,
Que jamais se distancie
Da justiça e da verdade,
Dos exemplos e da luz
Espalhados por Jesus,
Da virtude e da bondade.

Bem-vindo, bebê, e agora
Comece a viver a vida.
Esta vida que é uma estrada
Larga e reta a ser seguida.
Venha e siga-a com carinho:
Isso é só o iniciozinho
E a jornada é divertida!

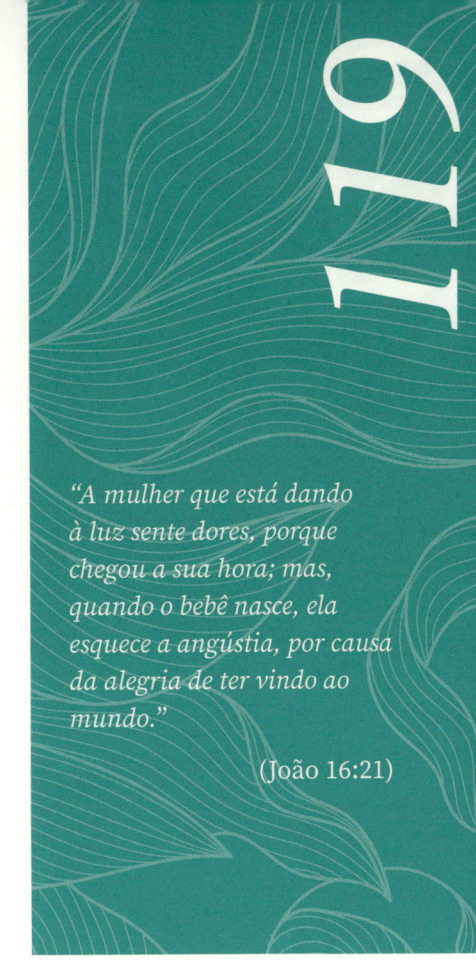

◆◆◆

"A mulher que está dando à luz sente dores, porque chegou a sua hora; mas, quando o bebê nasce, ela esquece a angústia, por causa da alegria de ter vindo ao mundo."

(João 16:21)

> O nascimento de uma criança é um momento de profunda alegria. Nela depositamos todas as nossas esperanças e, também, alguns receios e incertezas quanto à nossa capacidade de educar e bem criar aquela criaturinha indefesa. Ter filhos é um ato de amor e, sobretudo, de coragem. Precisamos, sim, da orientação e do auxílio de Deus para dar cabo dessa missão: transformar o recém-chegado em um adulto feliz, bem resolvido e cumpridor das leis do Senhor.

120

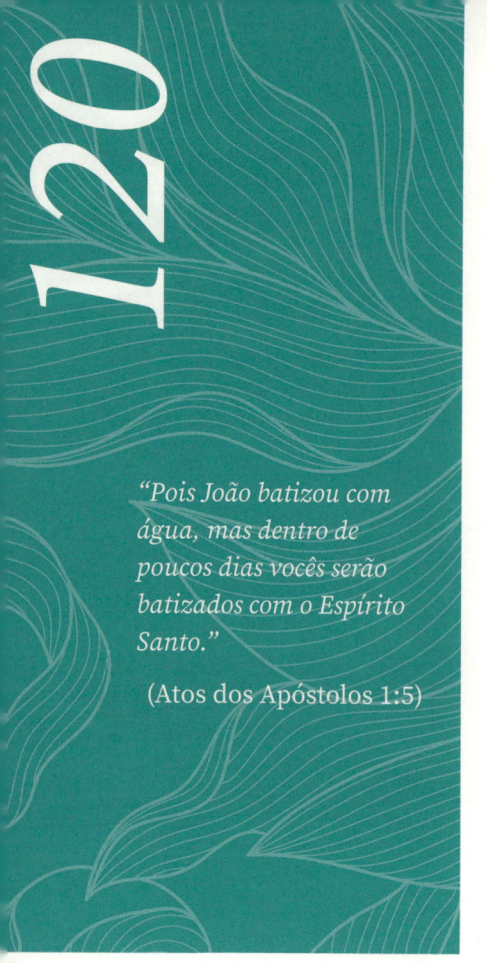

"Pois João batizou com água, mas dentro de poucos dias vocês serão batizados com o Espírito Santo."

(Atos dos Apóstolos 1:5)

O batismo é um primeiro renascimento. Um que nos faz cruzar o portão de entrada para a estrada da Salvação. O batismo traz o forte simbolismo da água pura que lava e carrega para longe nosso pecado original, o de Adão e Eva. Mas isso só não é o bastante. É necessário que continuemos a nossa purificação por meio das escolhas e das ações que praticaremos daí para diante, ao longo de todo o tempo que durar nossa passagem aqui por esse mundo.

NoviSalmo 120

BATISMO

Deus permita que este irmão
Tenha um belo batizado.
Que essas águas puras lavem
E que levem seu pecado.
João Batista assim fazia
E seguimos, hoje em dia,
Com este rito do passado.

No entanto, a tradição
Mantém vivo o seu valor,
Que é sair do rio Jordão
Já nos braços do Senhor.
Que é deixar de ser pagão
E assumir nossa missão
De servir ao Criador.

Batizar-se é aceitar
Jesus Cristo em nossas vidas,
Prometer amá-lo sempre
(E promessas são cumpridas).
A Deus peço, com otimismo,
Que abençoe este batismo
Com mil graças concedidas.

◆◆◆

NoviSalmo 121

ORAÇÃO PARA UM NOIVADO

Peço agora a Deus, meu Pai,
Que ilumine esse noivado,
E que a luz celestial
Banhe os noivos com cuidado.
Dissipando todo o escuro
E garantindo o futuro
Desse amor abençoado.

O noivado é uma intenção
De provável casamento.
Compromisso de união,
Ele é um pré-consentimento
De duas almas que se gostam
E no matrimônio apostam
Pra valer nesse momento.

Que agora eles se estudem
E confirmem seu amor.
Terão tempo pra pensar
E, se tudo certo for,
Logo, logo se unirão
Em feliz celebração
E com a Graça do Senhor.

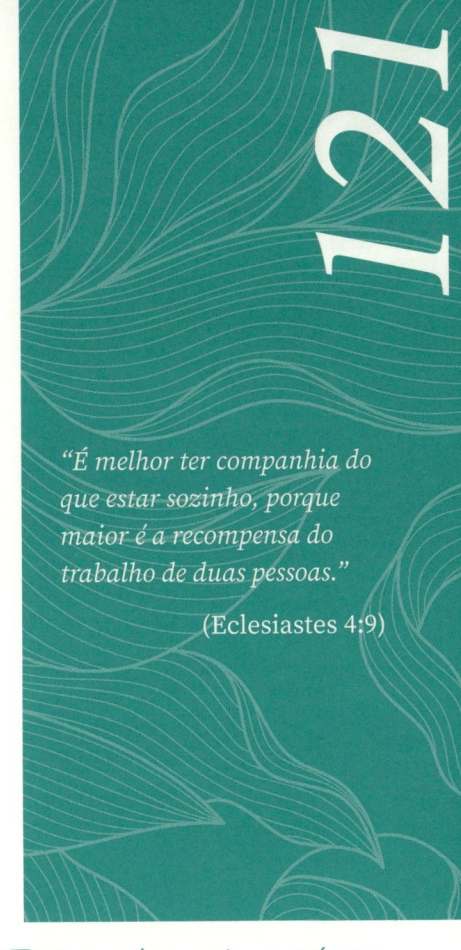

◆◆◆

"É melhor ter companhia do que estar sozinho, porque maior é a recompensa do trabalho de duas pessoas."

(Eclesiastes 4:9)

Noivar é assumir um pré-compromisso. É sinalizar para uma séria decisão futura. Abençoado sejam, então, os que têm planos de constituir uma família estruturada sob as leis de Deus.

NoviSalmo 122

BEM-AVENTURADO CASAL

Bem-aventurados sejam
Os que vivem em casamento,
Os que constituem um lar
E dividem o seu sustento,
Os que juntos levam a vida,
(Mesmo simples e sofrida)
Sem palavras de lamento.

Bem-aventurado seja
O casal com fé e crença,
Que convive sem ter briga,
Discussão ou desavença,
Sempre unido, com certeza,
Na fartura ou na pobreza,
Na saúde ou na doença.

Bem-aventurado seja
O casal que enfrenta unido
Qualquer barra ou desafio
Sem jamais ser dividido.
Como o aço bem forjado,
Esse par não é dobrado,
Nem quebrado, nem torcido.

Bem-aventurado seja
O casal que, com trovão,
Vento forte ou tempestade,
Nunca perde a direção.
O casal que permanece
No timão e até padece,
Mas não deixa a embarcação.

❖❖❖

"Que o Senhor faça crescer e transbordar o amor que vocês têm uns para com os outros e para com todos, a exemplo do nosso amor por vocês."

(1 Tessalonicenses 3:12)

Conheço muitos casais assim. Inseparáveis, parceiros de confiança com tempo bom ou tempo ruim. Casais que se amam e se respeitam. E que confiam, sem duvidar, na lealdade e na honestidade daqueles que escolheram para partilhar sua existência. E quando, no inverno da vida, um dos dois parte para a longa viagem – aquela que todos faremos um dia –, o que aqui permanece, apesar da tristeza, ainda terá o conforto das boas lembranças. E, melhor ainda: se crer em Deus e na Salvação, terá o consolo e a certeza profunda de que em breve o casal voltará a se reunir, agora ao redor do trono do Senhor. Pois o que Ele se dispõe a juntar, nada – repito, nada – será capaz de separar.

NoviSalmo 123

FORMATURA

Demorou, mas vou agora
Celebrar minha formatura.
Ao final do aprendizado,
Já mais pleno de cultura,
Estou pronto pra voar
Para o alto e iniciar
Minha profissão futura.

Tantos anos estudando,
Tantas noites sem dormir.
Tantas provas e trabalhos,
Tantos prazos a cumprir,
Mas, com Deus ali do lado,
Tive o fardo aliviado,
E assim pude conseguir.

Formatura é fim de etapa,
Recomeço com esperança,
Tempo bom pra agradecer
Uma glória que se alcança.
Quem estuda vai pra frente,
E, com Cristo junto à gente,
A jornada não nos cansa.

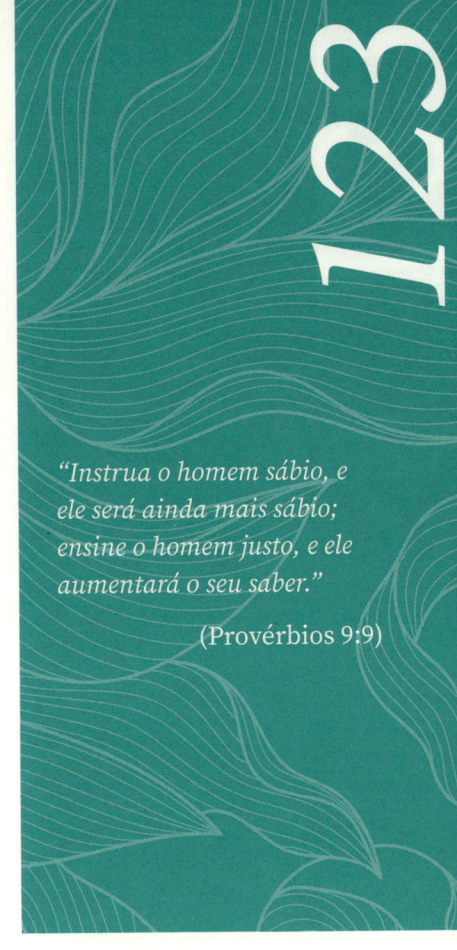

◆◆◆

"Instrua o homem sábio, e ele será ainda mais sábio; ensine o homem justo, e ele aumentará o seu saber."

(Provérbios 9:9)

A formatura é um rito de passagem. É o final de uma etapa e o início de uma nova fase em nossas vidas. Representa a vitória de quem investiu no aprendizado e em sua própria formação. Deve ser celebrada, sim, com festa, música e diploma na mão. E, claro, agradecimentos de coração aos que nos ajudaram nessa empreitada, geralmente aos nossos pais, que financiaram nossos estudos desde a primeira infância, e ao Pai Celeste, que nos apoiou e guiou no rumo certo da sabedoria e do preparo.

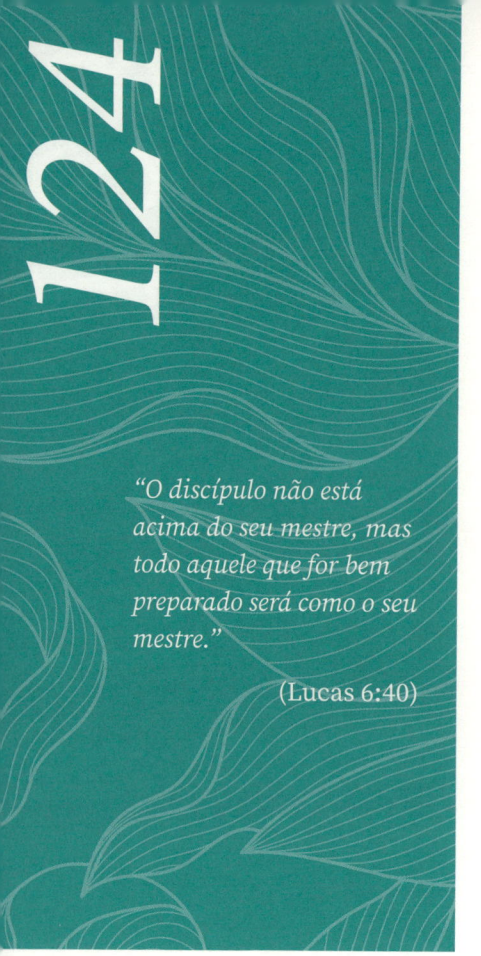

"O discípulo não está acima do seu mestre, mas todo aquele que for bem preparado será como o seu mestre."

(Lucas 6:40)

NoviSalmo 124

ORAÇÃO AOS PROFESSORES

Professoras, professores,
Que me alegram o coração,
A Deus oro e a Ele peço
Que Sua força e proteção
Se derramem, radiantes,
Sobre esses dois gigantes
Do saber e da instrução.

Professor é o alimento
Que nos nutre e nos ensina.
Ele é fonte de saber,
Água pura e cristalina;
Abraçando o magistério,
Nosso "profe", sem mistério,
Nos apoia e nos anima.

Deus proteja quem na vida
Faz do ensino profissão,
Quem instrui, quem orienta,
Quem nos mostra a direção
Desde a mais precoce idade
Até a pós, na faculdade;
Obrigado, mestre, irmão.

❖❖❖

Profissão danada de importante essa! Já fui professor e, por muitos anos, atuei na formação de profissionais para o setor de turismo. E sempre AMEI lecionar. Adorava ver o progresso dos alunos. A insegurança deles, no início do aprendizado, sua evolução e, por fim, a confiança e a desenvoltura que mostravam na conclusão dos cursos. Sim, Deus ama os professores, mesmo porque foi a profissão maior de seu Filho amado. Jesus foi – e é – um exemplo sem paralelos de professor talentoso: ensinava e explicava seus conceitos com clareza, ilustrava-os com exemplos e parábolas, fazia comparações apropriadas, tudo isso usando um linguajar simples e direto. Deus abençoe estes guerreiros do ensino!

NoviSalmo 125

DEUS ABENÇOE OS FAZENDEIROS

O que seria de nós
Sem que um fazendeiro altivo
Garantisse nosso prato
De alimento nutritivo?

Deus proteja os pecuaristas
Sitiantes e pastores,
Os que criam porcos, frangos,
E os irmãos agricultores.

Quem trabalha junto a terra,
O Senhor há de ajudar.
Em Coríntios 2 é dito
Que as sementes, Deus vai dar;
A quem planta e colhe o trigo,
O pão quente (isso eu lhes digo),
Não tem chance de faltar.

Sem cidades, podem os campos
Prosseguir com o seu viver.
Mas, sem campos, nas cidades
Faltaria o que comer.
Então qual deles teria
Mais valor e serventia?
– *Você quer mesmo saber?*

◆◆◆

"O proveito da terra é para todos; até o rei se serve do campo."

(Eclesiastes 5:9)

Ultimamente uma lamentável tendência vem tomando conta da mídia e de parte da população, principalmente nas grandes cidades: atacar e demonizar o agronegócio e os proprietários rurais. Esses são acusados de serem exploradores, desmatadores e inimigos da natureza. Os agricultores seriam os vilões das monoculturas de soja, milho e trigo. Os pecuaristas seriam o flagelo dos pobres animaizinhos indefesos, e por aí vai… O interessante é que todos nós DEPENDEMOS destes homens e mulheres de fibra. São eles que garantem os nossos almoços, nossos jantares, nosso churrasco de domingo, nosso cafezinho com pão e manteiga, nossa nutrição. Já fui dono de uma pequena propriedade rural em Minas Gerais e conheci de perto a luta de quem vive do campo. A trabalheira sem fim, a luta diária contra as incertezas do clima e o humor dos mercados mundiais. Que Deus abençoe, SIM, estes batalhadores incansáveis e que esteja sempre ao lado dessa gente de sustança que nos garante o sustento!

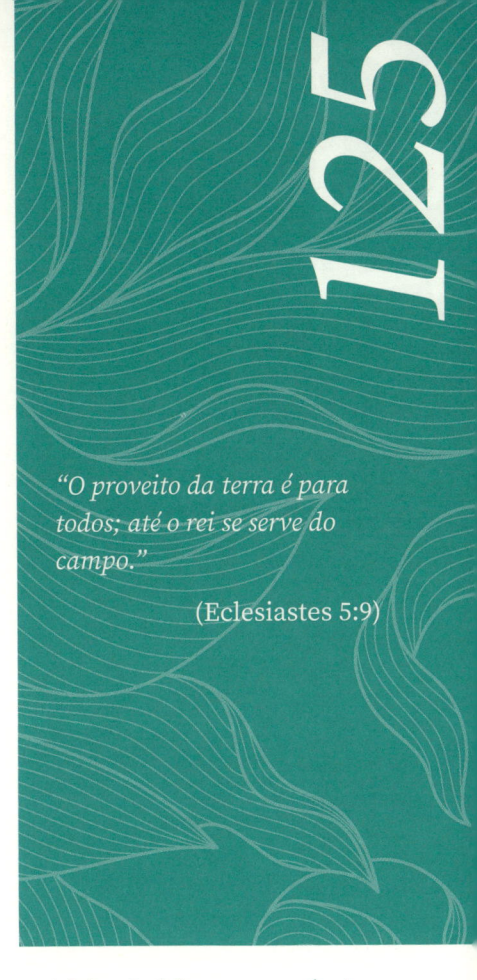

NoviSalmo 126

TINHA OLHOS, MAS NÃO VIA

Nem tudo de bom que ouvi
Me chegou pela audição.
Também há coisas que vi
Sem meus órgãos de visão.
Isso, só possível é,
Pois, para sentir a FÉ,
Deus me deu um CORAÇÃO.

Acredito em muitas coisas
Que não posso comprovar
Com só cinco dos sentidos
E a vocês vou explicar:
Quem tem fé tem a certeza,
E acredita, com firmeza,
Sem de provas precisar.

Eu não vejo Deus, mas Ele
Fez meus olhos, fez a luz.
Não ouvi seu Filho ao vivo,
Mas não vivo sem Jesus.
E da Bíblia tiro o pão
Que me nutre o coração,
Me alimenta e me conduz.

"Nos tornamos filhos de Deus mediante a fé em Jesus Cristo."

(Gálatas 3:26)

Nos tempos de antigamente
Microscópio não havia,
E o cientista acreditava
Que micróbio inexistia.
Duvidava da verdade
Só porque, na realidade,
Tinha olhos, mas não os via.

Assim age o que não crê,
Pois duvida a todo instante,
Ridiculariza o crente
(Que diz ser ignorante),
Mas o crente segue em pé
Sustentado por sua fé,
Isso sim é que é importante!

◆◆◆

A fé é o pilar mais forte do amor a Deus. É ela que nos traz a certeza de que Ele existe, criou o mundo, a Terra, os animais e a espécie humana. Mas como podemos ter fé numa entidade que não podemos enxergar com os nossos olhos ou tocar com as nossas mãos? Aí está o "X" da questão: nem tudo em que acreditamos se comprova pelos meios tradicionais ou por nossos cinco sentidos. Em Teologia aprendemos que, para aceitarmos a existência e o poder divino, precisamos antes crer na infalibilidade das Escrituras Sagradas. Eu mesmo somente pude me iniciar na fé cristã após decidir e aceitar que o que está escrito na Bíblia é verdadeiro e inquestionável. Se você aceitar isso, o restante virá naturalmente.

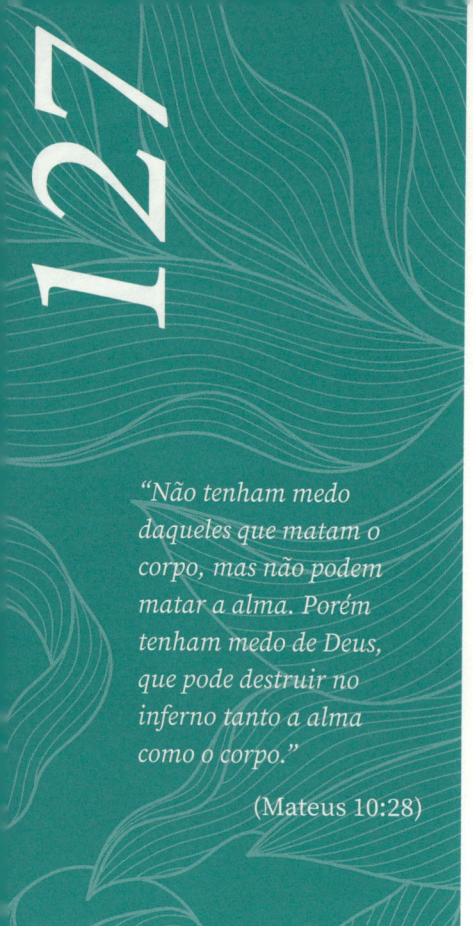

"Não tenham medo daqueles que matam o corpo, mas não podem matar a alma. Porém tenham medo de Deus, que pode destruir no inferno tanto a alma como o corpo."

(Mateus 10:28)

Realmente não devemos nos preocupar: o que fere o nosso corpo nem de leve nos arranha a alma. Quem perdeu seus olhos aqui na Terra renascerá enxergando nos jardins do Senhor. Quem era surdo se deleitará com o som doce das harpas dos anjos, e os paralíticos correrão pisando em nuvens. A morte terrena é o início da Vida Eterna para uns. Ou da Danação sem fim para outros, claro…

NoviSalmo 127

NÃO TEMA A MORTE

Não tenha medo da morte
Nem de quem quer te matar.
Os homens só matam o corpo,
Mas sua alma vai escapar,
Pois só Deus possui poder
Pra na alma interceder,
Pra punir ou te salvar.

Ao morrer a gente dorme,
Como um urso a gente hiberna.
Nossa alma então renasce
(Sem faltar nem braço ou perna)
Inteirinha, em plenitude,
Transbordante de saúde
Pra viver na Vida Eterna.

Não tenha medo da morte,
O Senhor vai te acolher,
Mas, dependendo de quem,
Pode te enviar também
Pra no inferno padecer.

◆◆◆

NoviSalmo 128

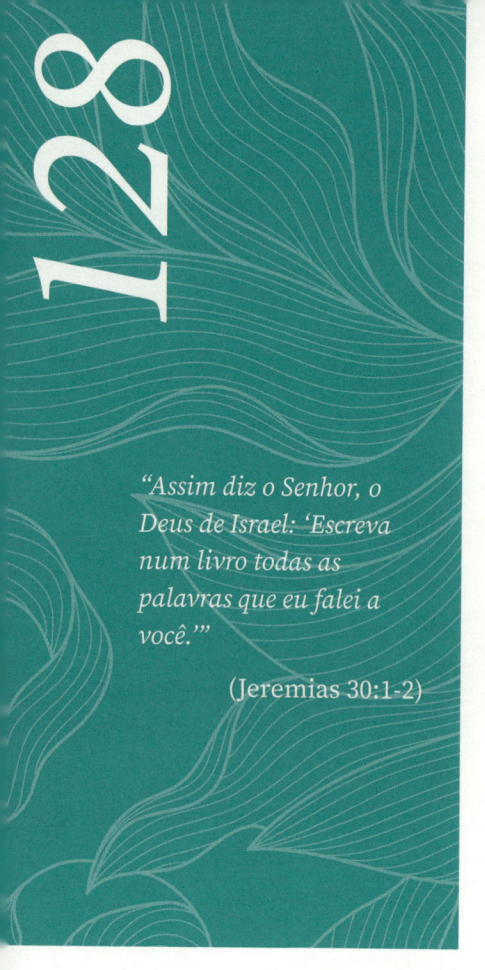

ORANDO POR MAIS LIVROS

A Deus vou pedir agora
Com sincera devoção,
Livros, livros e mais livros,
Mais leitura e educação.
Pois só lendo sem parar
Poderemos transformar
Pra melhor nossa nação.

À medida que envelheço
Me recordo de outros dias,
Em que todos liam mais
E adoravam livrarias.
Hoje, moços e donzelas
Passam horas com suas telas
E com as mentes mais vazias.

Fui criado junto aos livros
E, com eles, ganho o pão.
Amo o cheiro do papel
E da tinta de impressão.
Minha Bíblia encadernada
Pode até ser antiquada,
Mas não sai da minha mão.

"Assim diz o Senhor, o Deus de Israel: 'Escreva num livro todas as palavras que eu falei a você.'"

(Jeremias 30:1-2)

Pois que venham novos tempos
E ao Senhor eu peço mais:
Que nos mande sempre livros
(De papel ou digitais)
E novas bibliotecas
(De tijolo ou virtuais).
Livrarias bem sortidas
E mais bancas de jornais,
Novos meios de leitura,
Novas fontes de cultura,
Se pedirmos, Deus nos traz!

◆◆◆

Minha paixão pelos livros vem da primeira infância assim que descobri que aquelas letrinhas no papel me transportavam a outros mundos, narravam aventuras e me ensinavam coisas úteis e interessantes. Aliás, minha admiração pela Bíblia vem desde pequenino. Meu pai, grande leitor, a pegava para ler comigo as fantásticas histórias do Antigo Testamento: Davi e Golias, Sansão e Dalila, Jonas e a baleia, a jumenta de Balaão, Daniel e os leões e tantas outras... Ler exige tempo, calma e completa concentração, artigo raro hoje em dia, em tempos que os jovens se nutrem com intermináveis sequências de vídeos de menos de 30 segundos. Que venham mais livros. O mundo está precisando deles!

129

"Considero que os nossos sofrimentos atuais não podem ser comparados com a glória que em nós será revelada."

(Romanos 9:18)

NoviSalmo 129

FÉ E PACIÊNCIA

Se eu morrer e for pro inferno,
Vida longa lá terei,
Mas será no fogo ardente
E longe de Deus, meu Rei,
Pagando pelas vaidades,
E também pelas maldades
Que em minha vida pratiquei.

Mas se morro tendo aceito
Ter Jesus no coração,
E trilhado meu caminho
Na correta direção,
Lá no céu terei também
Recompensas, muito além
Da minha imaginação.

Por isto não me incomodo
Se sou pobre no momento,
Se minha vida não tem luxos,
Se mal ganho pro sustento,
Pois possuo a fé gigante
De que um dia, mais adiante,
Junto a Deus terei assento.

O segredo, meus irmãos,
É ter fé com PACIÊNCIA.
Uma bem juntinho à outra,
Eis aí toda a ciência:
Quem busca o prazer agora
Lá na frente perde a hora,
Pois Deus nada faz com urgência.

◆◆◆

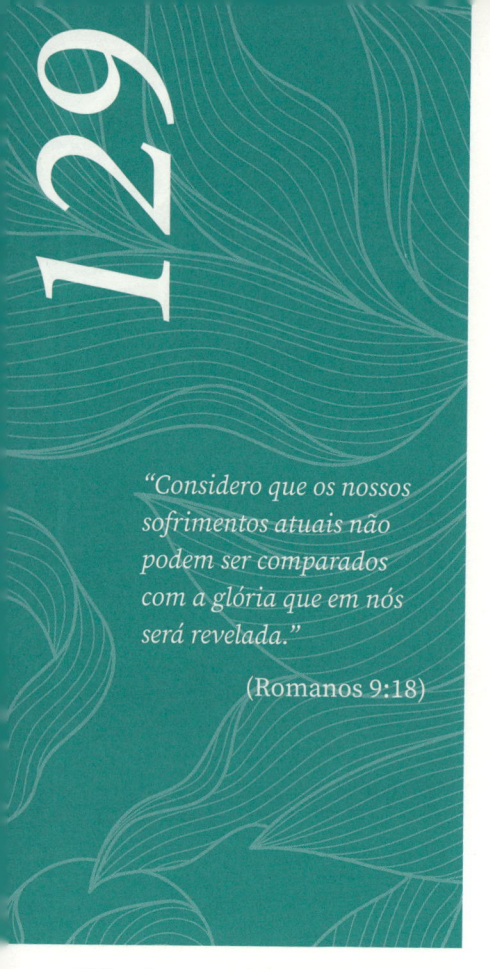

Fé e paciência devem andar sempre juntas. O tempo de Deus é muito diferente do nosso. Um século para Ele é como um segundo para a gente. Ele cumpre o que promete, Ele entrega o que pedimos, mas nem sempre com a urgência que desejamos. Saber esperar nos torna mais disciplinados e menos ansiosos. A paciência é a virtude maior dos sábios. O segredo? Seguir devagar, mas avançar sempre, sem perda de tempo. Mirar no porvir e planejar para o futuro.

NoviSalmo 130

ATÉ DEUS
VIR ME BUSCAR

Ninguém mais ouve o que eu digo,
Ninguém mais me dá atenção,
Ninguém pede meus conselhos
Ou sincera opinião.
Meu palpite é irrelevante
Nada falo de importante,
Essa é a sina do ancião.

Quem iria dar ouvidos
A um velhote ultrapassado?
A uma peça de museu,
A um chiclete mastigado?
Só que eu não me sinto assim,
Pois alguém junto de mim
Ouve ainda o meu recado.

Esse amigo é Jesus Cristo,
Que me escuta em oração.
Que me entende e compreende,
Ele é o fogo do fogão
Em que aqueço os pés cansados
Pelos anos já passados;
Quantos mais me restarão?

Tenho ainda (sei que tenho)
Muita lenha pra queimar,
Saberes pra compartir
E lições para ensinar.
Ensinar e aprender
Pelo tempo em que eu viver
Até Deus vir me buscar.

Peço ao Pai que não permita
Que eu me afunde em depressão,
Mas que esteja energizado
E com mais motivação.
Estou velho, isso é verdade,
Mas me sinto com a idade
De um saudável garotão!

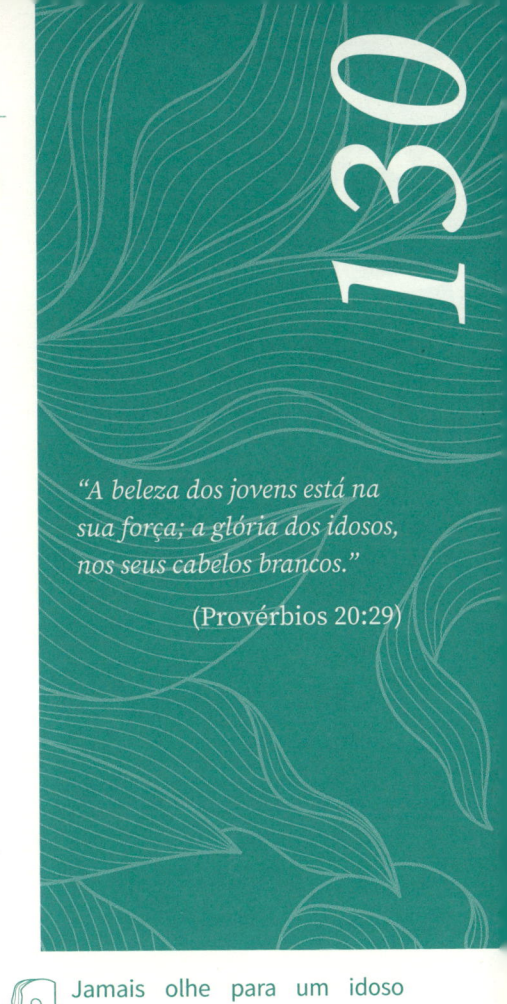

◆◆◆

"A beleza dos jovens está na sua força; a glória dos idosos, nos seus cabelos brancos."

(Provérbios 20:29)

Jamais olhe para um idoso achando que ele é um produto descartado com a data de validade vencida. Raspe o fundo desse pote e você encontrará ainda muito doce de leite só esperando para ser degustado. Não subestime a experiência e a sabedoria dos seus avós. Não pense que perderam o espírito da juventude só porque hoje andam, enxergam e ouvem com um pouco mais de dificuldade. Escute o que eles têm a dizer, aprenda com sua experiência e lembre-se: se você não partir antes, um dia esse idoso será VOCÊ.

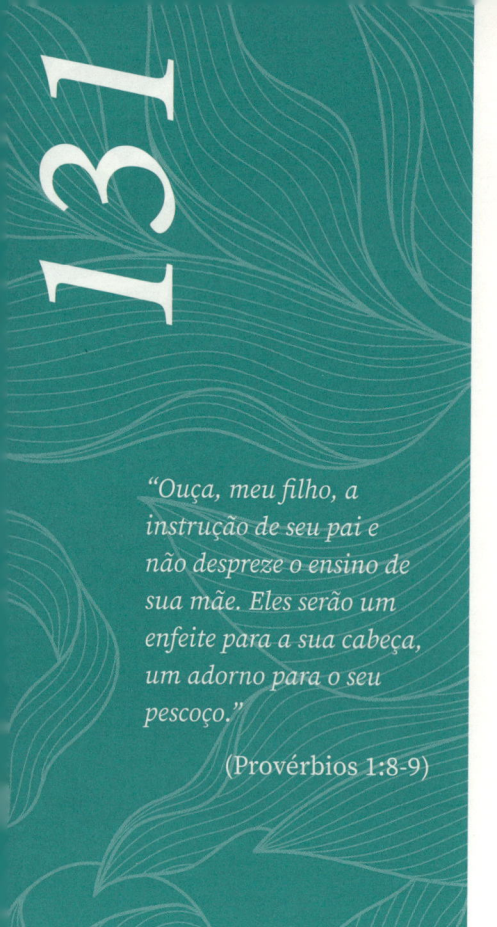

"Ouça, meu filho, a instrução de seu pai e não despreze o ensino de sua mãe. Eles serão um enfeite para a sua cabeça, um adorno para o seu pescoço."

(Provérbios 1:8-9)

O Maligno jamais desistirá de sua milenar batalha para minar e destruir as famílias. Sabe por quê? Porque a família é o esteio da vida cristã, é a fonte que faz jorrar adultos equilibrados, fortes e imunes às tentações dos que praticam o mal. Veja as estatísticas e comprove: a esmagadora maioria de criminosos, drogados e desajustados sociais provém de lares desfeitos e de famílias desestruturadas. Crescer junto a pais cuidadosos cercado de amor, carinho e atenção é o que transforma uma criança em um vencedor mais adiante. Reflitamos sobre isto.

NoviSalmo 131

COM DEUS PAI PELA FAMÍLIA

Abençoe, meu Senhor,
A família em união,
Pois no mundo não existe
Nenhuma instituição
Com mais força e serventia
Que a família, que nos guia,
Nos apoia e nos dá a mão.

Nada nasce e frutifica,
Nada pode prosperar
Sem as gerações unidas
Em seu firme caminhar.
Pais e filhos, irmanados,
Uns nos outros apoiados,
Com Jesus a os guiar.

Isso irrita e desespera
Os que vivem pra servir
Ao Capeta, e tudo fazem
Pra minar e destruir
Os valores familiares,
As famílias em seus lares,
Mas jamais vão conseguir.

E, se atacam nosso firme
Discurso conservador,
Aceitamos, sem problemas,
Esse dedo acusador.
Quem batalha, não se humilha,
Lutamos pela família
Sob as bênçãos do Senhor.

◆◆◆

NoviSalmo 132

SIMPLICIDADE AO FALAR

Ao falar de Deus não use
Demasiada erudição,
Nem palavras rebuscadas
De difícil compreensão.
Fale, então, com claridade,
Sem qualquer afetação.
Como Cristo, que instruía
Gente simples, do povão,
E teve a missão cumprida,
Pois lição bem entendida
Chega fácil ao coração.

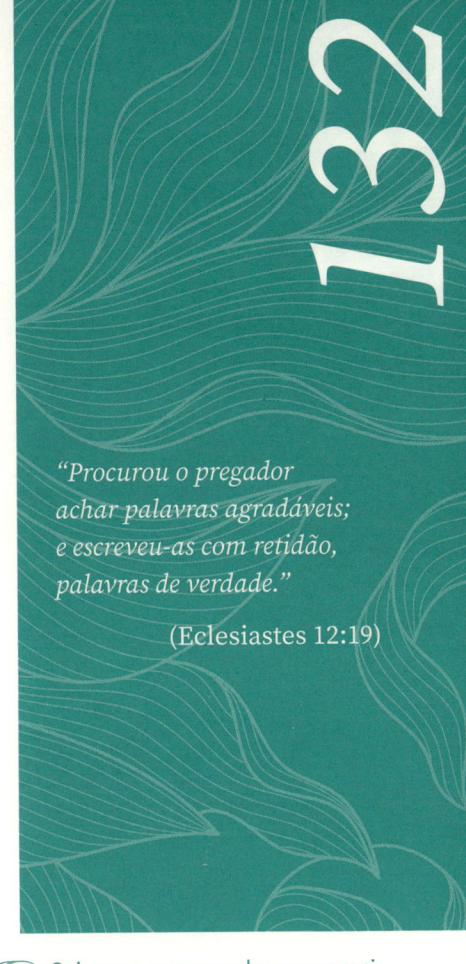

◆◆◆

"Procurou o pregador achar palavras agradáveis; e escreveu-as com retidão, palavras de verdade."

(Eclesiastes 12:19)

Sejamos sempre claros e precisos ao falar. Não nos encantemos com palavras complicadas, com jargões enrolados, com termos técnicos em demasia. Muitas vezes esses recursos são usados somente para tentar valorizar a "autoridade" de alguém sobre certo assunto. Já o legítimo sábio, o mestre verdadeiro, esse se esforça em simplificar suas ideias para melhor transmiti-las. Não deseja que o admirem, mas que o ENTENDAM.

133

"E não nos cansemos de fazer o bem, pois no tempo próprio colheremos, se não desanimarmos."

(Gálatas 6:9)

NoviSalmo 133

PERSEVERANTES

Quem mais pede, mais recebe,
Quem acena é percebido.
Quem pergunta tem resposta,
Quem insiste é sempre ouvido.
Deus premia os atuantes
E os que são perseverantes,
Isso, há tempos, é sabido.

Quem se arrasta pelo mundo
Com preguiça e má vontade
Nada faz, nada termina,
E deixa pela metade
O trabalho iniciado,
O caminho a ser trilhado,
Pois lhe falta seriedade.

◆◆◆

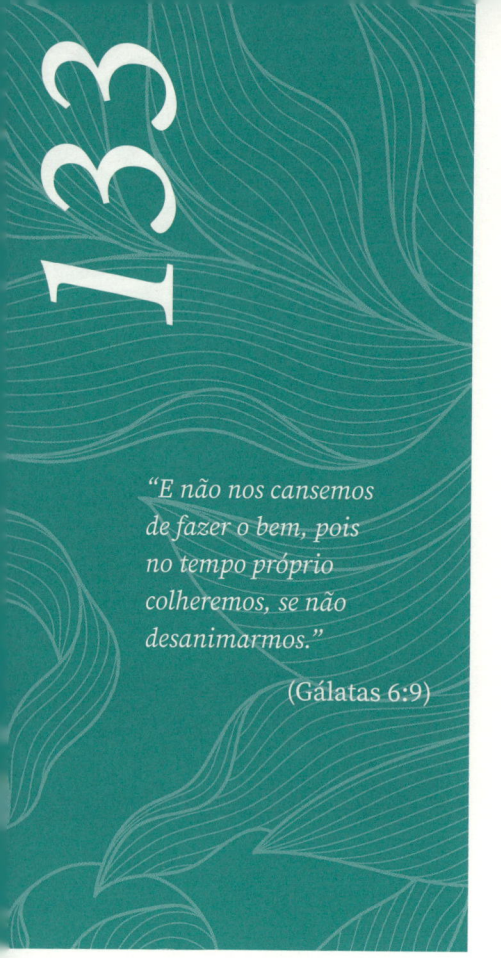

Perseverar é insistir. É continuar tentando até acertar. É procurar novos caminhos se os antigos estão bloqueados. É não se cansar com facilidade ou desistir diante do primeiro insucesso. É cair, levantar-se, sacudir a poeira e reiniciar a caminhada. Sempre.

"Como é feliz a nação que tem o Senhor como Deus, o povo que ele escolheu para lhe pertencer!"

(Salmo 33:12)

NoviSalmo 134

ALIENADOS DA POLÍTICA

Deus dê luz pra iluminar
Quem só vive alienado
Da política e, por isso,
Vira escravo, aprisionado,
De quem jura e depois nega,
Quem promete e nada entrega,
Quando vence uma eleição.

Deus dê luz pra iluminar
Quem não ouve noticiários,
Não se informa pelas redes
Nem lê jornais diários.
São milhões de alienados
Sem futuros, sem passados,
Eu mesmo conheço vários.

Quem em tempos de eleição
Vota nulo e vive ausente,
Quem entrega o voto e pede
Qualquer tipo de presente,
Contribui, por sua vontade,
Pra piorar a realidade
Do próprio país da gente.

Deus não preza essa conduta
De desinteresse vão.
E abandona à própria sorte
Quem não liga pra eleição.
E reclamação não aceita
Se você não se respeita,
E não busca informação.

Vai votar num deputado?
Prefeito, Governador?
Pesquise se ele caminha
Pela estrada do Senhor.
Se a FAMÍLIA ele defende,
Se a bandalha repreende,
E se é bom trabalhador.

◆◆◆

Muitos dizem: não misture política com religião. Como assim? A própria Bíblia faz essa interligação o tempo inteiro. Vejamos, por exemplo, a influência de José sobre o faraó do Egito, a atuação política do profeta Samuel levando ao trono o Rei Saul e apoiando, mais adiante, o rei Davi. Vejamos a interferência do rei Herodes na vida de Jesus...
O bom cristão não deve se alienar dos assuntos de política. Deve estar atento aos que escolhe para governantes e principalmente aos legisladores em que irá votar. Vigie, peça e cobre deles uma atuação condizente com os valores cristãos. Afaste-se de políticos que defendem pautas contrárias aos valores que orientam nossas vidas. Não podemos cochilar um só instante, pois aqueles que apoiam a dissolução das famílias, a jogatina, a liberação das drogas e a frouxidão dos costumes não brincam em serviço.

NoviSalmo 135

CAUSAR ESCÂNDALOS

Nessa vida, nos metemos
Em tumulto e confusão,
Muitas vezes sem ter culpa,
Mas na Bíblia leio então:
Ai daquele que INICIA
O barraco e a brigaria,
Esse aí não tem perdão...

Pois perturba a calma e a paz
Dos que vivem em harmonia,
E arrasta, então, pra briga
Quem, por si, não brigaria.
Deus nos livre, por inteiro,
Da influência do encrenqueiro
Que nos deixa amargo o dia.

◆◆◆

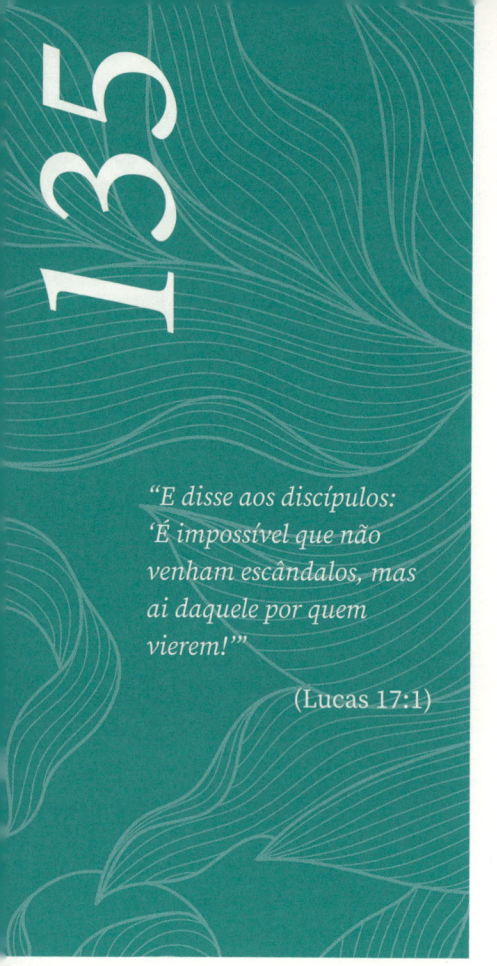

"E disse aos discípulos: 'É impossível que não venham escândalos, mas ai daquele por quem vierem!'"

(Lucas 17:1)

Tem gente que veio ao mundo para causar transtornos e confusão por onde quer que passe. E muitas vezes os mansos e pacatos são arrastados para o olho do furacão. Nosso conselho é: afaste-se dos encrenqueiros. Não farão falta alguma em nossas vidas.

NoviSalmo 136

SEDE DE DEUS

Assim como precisamos
De água fresca pra viver,
Eu sem Deus padeceria,
E a vocês posso dizer:
Ele é água, é meu alento,
Meu refresco e estou sedento,
Pai, me deixe eu te beber!

Como busca o beduíno
Pelo oásis refrescante,
Encontrei junto a Deus Pai
Essa fonte transbordante.
Que me hidrata, que me cura,
Que me afasta da secura,
E mantém-me confiante.

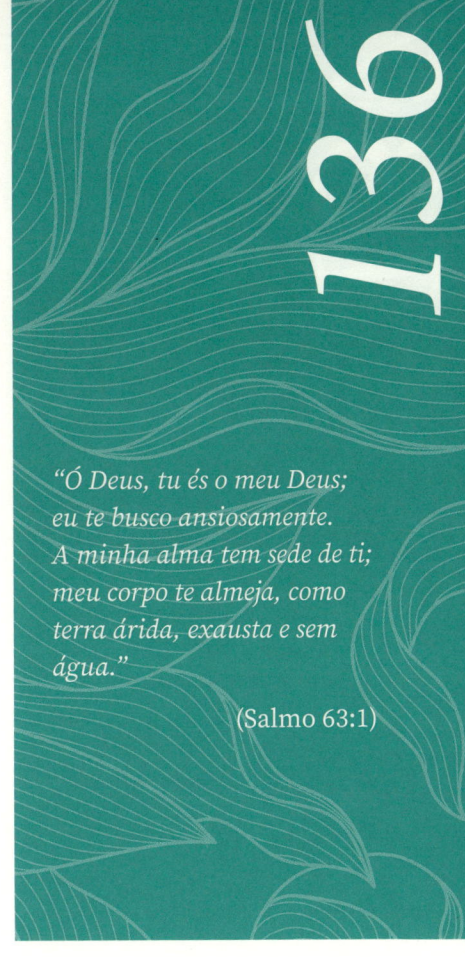

◆◆◆

"Ó Deus, tu és o meu Deus; eu te busco ansiosamente. A minha alma tem sede de ti; meu corpo te almeja, como terra árida, exausta e sem água."

(Salmo 63:1)

Quando trazemos Deus para as nossas vidas, a sensação que temos é a mesma que sente um viajante sedento que está perdido no deserto e encontra um oásis verdejante com uma fonte de água fresca. Deus é a Água da Vida. Pura, cristalina e vinda de uma nascente que jamais secará.

137

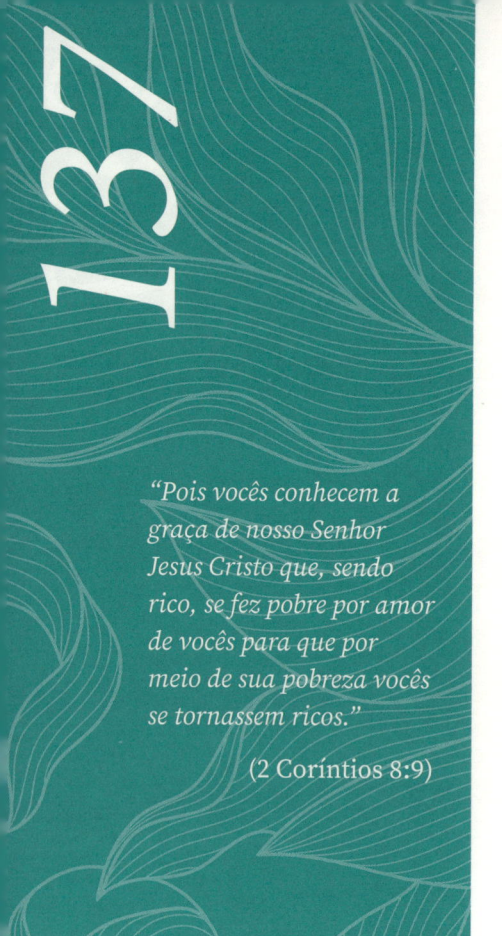

"Pois vocês conhecem a graça de nosso Senhor Jesus Cristo que, sendo rico, se fez pobre por amor de vocês para que por meio de sua pobreza vocês se tornassem ricos."

(2 Coríntios 8:9)

NoviSalmo 137

O MAIOR DOS REIS

O maior dos reis do mundo
Não nasceu num berço nobre,
Num de prata, num de ouro,
Nem, tampouco, ferro ou cobre.
Mas na palha seca e dura,
Numa fria noite escura,
Num estábulo tão pobre.

O maior dos reis do mundo
Sobre terras não reinava.
Nunca quis juntar tesouros
E somente lhe importava
Conversar com as multidões,
Dar exemplos e lições,
Isso, apenas, lhe bastava.

O maior dos reis do mundo
Não ergueu, nem construiu
Palácios e catedrais,
Mas a paz nos transmitiu;
Junto a Deus, com amor e fé,
Foi Jesus de Nazaré,
Rei maior que já existiu.

◆◆◆

Três verdades inquestionáveis:
– Primeira: um rei é querido e respeitado por seus súditos muito mais pelo que ele é do que pelo que ele tem.
– Segunda: autoridade não se compra, mas se conquista.
– Terceira: a riqueza da alma prevalecerá sempre sobre a riqueza material.

NoviSalmo 138

VI ELIAS E ELISEU

Hoje eu vi uma carruagem
Toda envolta em fogaréu.
Vi Elias nela entrando
E partindo rumo ao céu.
Eis o testemunho ousado
Todo em versos relatado
Por um simples menestrel.

Vi também os seis cavalos
Que no carro iam à frente.
Seis corcéis de fogo e brasas
Numa tarde de sol quente
Separando dois profetas,
Tudo muito de repente.
Eis que assim se sucedeu,
Vi Elias e Eliseu
Em visagem surpreendente.

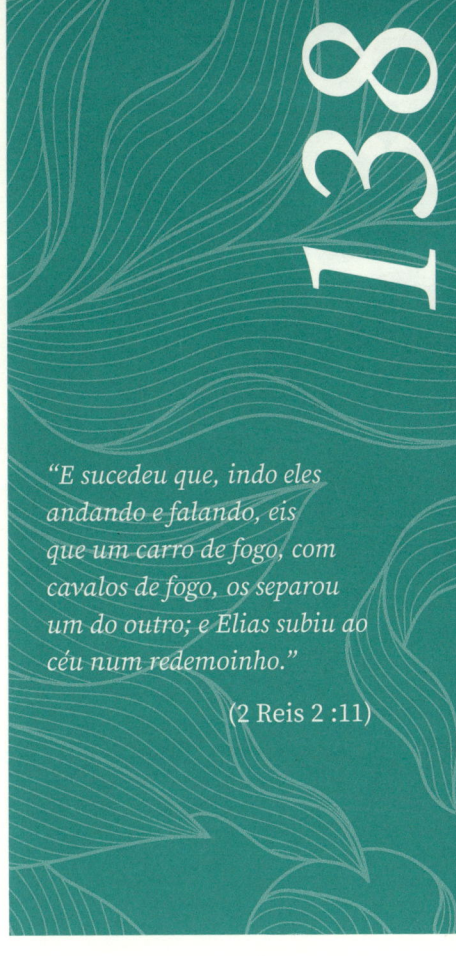

◆◆◆

"E sucedeu que, indo eles andando e falando, eis que um carro de fogo, com cavalos de fogo, os separou um do outro; e Elias subiu ao céu num redemoinho."

(2 Reis 2:11)

Certas imagens da Bíblia são cinematográficas. Imagine dois profetas caminhando lado a lado enquanto conversam. De repente, desce do céu uma carruagem de fogo puxada por cavalos também envoltos em labaredas ardentes. Eis que um dos profetas, Elias, se despede do outro, Eliseu, embarca na carruagem e é arrebatado, partindo para sempre rumo às nuvens. Essa imagem me vem com frequência em sonhos. E sempre da mesma forma.

139

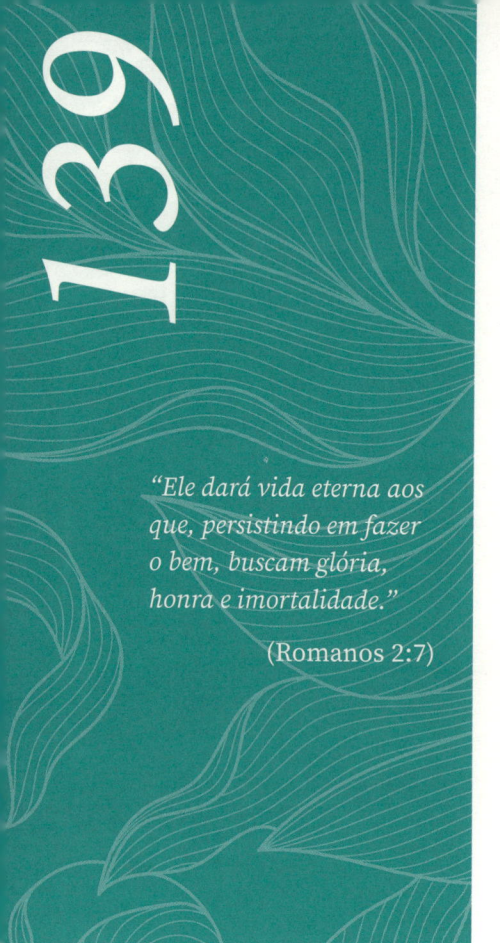

"Ele dará vida eterna aos que, persistindo em fazer o bem, buscam glória, honra e imortalidade."

(Romanos 2:7)

> Sim, para alcançar a Salvação é preciso seguir uma receita à risca, sem faltar um só ingrediente, respeitando as medidas e o modo de preparo. Qualquer deslize fará a massa desandar e o bolo ficar solado. Ou queimado, caso o cozinheiro prefira assá-lo em um dos fornos do Tentador.

NoviSalmo 139

BOLINHO DA VIDA ETERNA

Ingredientes:

1 Dose infinita de amor ao Pai.
10 sachês de amor ao Filho.
3 vidros de Espírito Santo.
1 pote de amor ao próximo.
2 kg de pura fé.
1 pitada de fermento.
Maná ou açúcar a gosto.

Modo de preparo:

Na panela da sua vida
Ponha cada ingrediente
E os misture até que a massa
Fique firme e consistente.
Pra que o bolo tenha aumento,
Basta um dedo de fermento,
Isso é já suficiente.

Leve o bolo ao micro-ondas
(Se a cozinha for moderna).
E, pra ver se está no ponto,
Ilumine-o com a lanterna;
Se fizer tudo correto,
Deus te levará, direto,
Pra lanchar na Vida Eterna.

◆◆◆

NoviSalmo 140

ESCOLA DOMINICAL

Se você, desde bem cedo,
Educar uma criança
E indicar-lhe o rumo certo,
Ela cresce em segurança.
Caminhando sem temor
Pelas trilhas do Senhor,
Quem tem Cristo firme avança.

É por isso que, aos domingos,
Há um espaço especial
Lá na igreja e que chamamos
De Escola Dominical.
Um lugar de bons ensinos
Onde aprendem os pequeninos
Que só o Bem sufoca o Mal...

Que viver junto a Deus Pai
Faz o gurizinho amar
Nosso próximo e também
Sempre, sempre o respeitar.
Um jovem criado assim
Vai crescer como um jardim
Que tem Cristo a o regar.

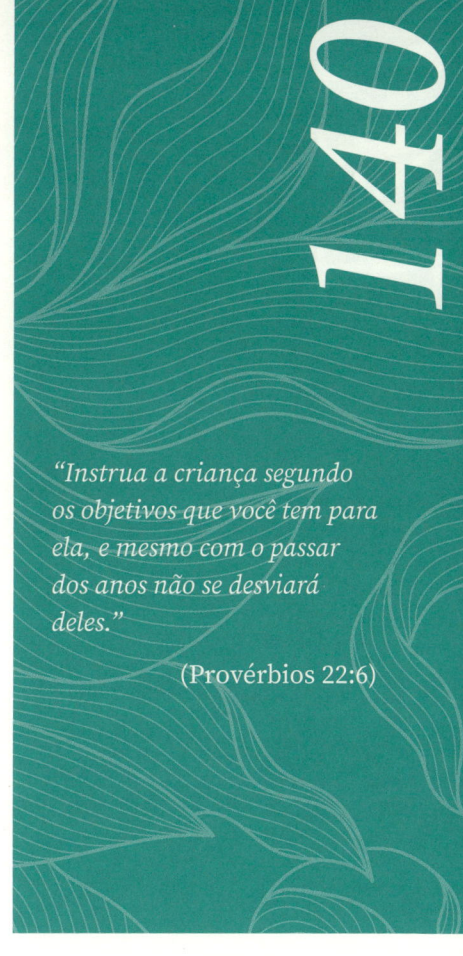

◆◆◆

"Instrua a criança segundo os objetivos que você tem para ela, e mesmo com o passar dos anos não se desviará deles."

(Provérbios 22:6)

Na Escola Dominical, enquanto seus pais assistem ao serviço religioso, as crianças vão tendo seu primeiro contato com as histórias da Bíblia, com os personagens marcantes da história do Cristianismo e com os ensinamentos de Jesus. A ideia é excelente, pois, como diz o ditado, "é de pequenino que se torce o pepino". Crescer cercado de amor e respeito a Deus é plantar no tempo certo para colher com segurança mais tarde.

141

"Então o Senhor deparou um grande peixe, para que tragasse a Jonas; e esteve Jonas três dias e três noites nas entranhas do peixe."

(Jonas 1:17)

NóviSalmo 141

DESOBEDECENDO A DEUS

Na barriga de um cetáceo
Gigantesco que existia,
Eis que Jonas, o profeta,
Foi parar num certo dia.
Era a justa punição,
Pois Deus dava-lhe a missão,
E ele nunca lhe obedecia.

Lá na pança da baleia
Jonas muito meditou.
Refletiu e, arrependido,
Com Deus Pai se desculpou.
Foi tirado da prisão
Com um arroto do peixão
E sua vida se emendou.

Não desobedeça a Deus,
Nem desafie o Pai,
Pois sentir sua reação
Com certeza você vai;
Hoje mesmo, nesse instante,
Ou no fim, mais adiante,
Cabisbaixo você sai.

◆◆◆

Apesar de quase todos associarem o profeta Jonas a uma baleia – um mamífero –, a Bíblia se refere ao monstro apenas como um "grande peixe". Curiosidades à parte, as duas lições importantes que aprendemos com este episódio é que, em primeiro lugar, jamais devemos desafiar ou desobedecer a Deus. A segunda mensagem é a que nos mostra que nada podemos esconder do Senhor. Ele tudo enxerga, tudo vê e consegue ler até nossas mentes e pensamentos.

NoviSalmo 142

O ALZHEIMER E O CÉU

Deus proteja os que se encontram
Mais alheios e esquecidos,
Confusos, desorientados,
Mas, por nós, sempre queridos.
Pois perderam suas memórias
Mas deixaram mil histórias
Dos seus anos bem vividos.

E aos que já chegaram ao ponto
De total esquecimento,
Vou contar-lhes um segredo
Que talvez lhes traga alento:
Vocês dão trabalho aos seus,
Mas já devem estar com Deus
Desde já, nesse momento.

Pois sua mente está cansada,
Mas sua alma tem valor.
Deus, que tudo sabe e pode,
Será o seu Libertador.
O Alzheimer que vitima
Também une e aproxima
Nossas almas do Senhor.

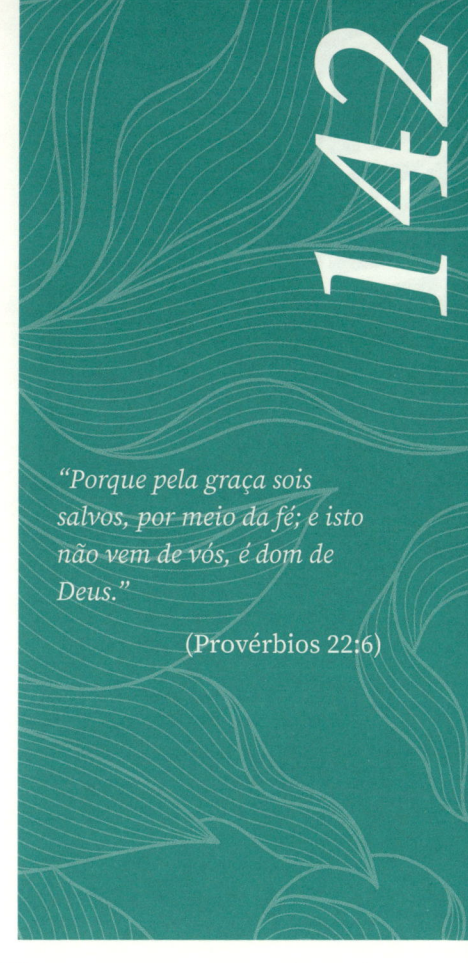

◆◆◆

"Porque pela graça sois salvos, por meio da fé; e isto não vem de vós, é dom de Deus."

(Provérbios 22:6)

As pessoas acometidas pela doença de Alzheimer vão, aos poucos, perdendo suas memórias e se desligando do mundo e dos seus entes queridos. Isso muito nos entristece, mas é sempre um consolo pensar que, embora ainda não tenham deixado esse nosso mundo, elas já podem, sim, estar vivendo e desfrutando da companhia de Deus no Reino Divino. Essa condição pode debilitar corpos e mentes, mas quem cuida do bem-estar das nossas almas é o Senhor.

143

"Eu os tirei dos confins da terra, de seus recantos mais distantes eu os chamei. Eu disse: 'Você é meu servo'; eu o escolhi e não o rejeitei. Por isso não tema, pois estou com você; não tenha medo, pois sou o seu Deus."

(Isaías 41:9-10)

NoviSalmo 143

PARA UM FILHO AUTISTA

Deus dê força ao filho autista
E energia pros seus pais
(Que, com zelo e paciência,
Cuidam dele bem demais);
São pais firmes, dedicados,
Que jamais vejo cansados
Das tarefas paternais.

Autismo não debilita,
Quem o tem não está doente,
Só que enxerga a vida e o mundo
De um jeitinho diferente.
O autista, na verdade,
Traz aos pais felicidade,
Deus lhes trouxe esse presente.

O pequeno autista pode
Não falar com precisão,
Mas se entende com a família
(Que o escuta com atenção).
É criança inteligente
Que diz pouco, realmente,
Mas nos fala ao coração.

◆◆◆

Convivo com crianças autistas em minha família. Conheço bem o esforço, a dedicação e o incansável zelo com que seus pais cuidam delas. A vida corrida, as frequentes visitas a terapeutas, fonoaudiólogos e compromissos escolares. Ser pai ou mãe de uma criança autista é conviver também com tolos preconceitos da sociedade e com a desinformação geral da maioria das pessoas. Mas é também uma lição para esses pais, que aprendem que o amor e o carinho superam tudo neste mundo. Deus abençoe esses pais e seus filhos amados.

NoviSalmo 144

PELA GRAVIDEZ

Deus proteja esta mulher,
Dê-lhe calma e lucidez
Neste especial momento
Em que vive a gravidez.
Que a espera da criança
Seja fonte de esperança
Ao final do certo mês.

Ser mãe é realizar
Mais que um sonho, na verdade.
É trazer ao mundo vida,
E mais luz, mais claridade.
Seu filho será o herdeiro
Genuíno e verdadeiro
Da sua felicidade.

Deus proteja essa mulher
E o seu ventre recheado.
Que ela traga ao mundo um baby
Que já nasça abençoado,
E siga a lição do Pai:
"Crescei e multiplicai",
Que missão mais adorada!
Seja em parto natural
Ou cesariana, igual
Quando a hora for chegada.

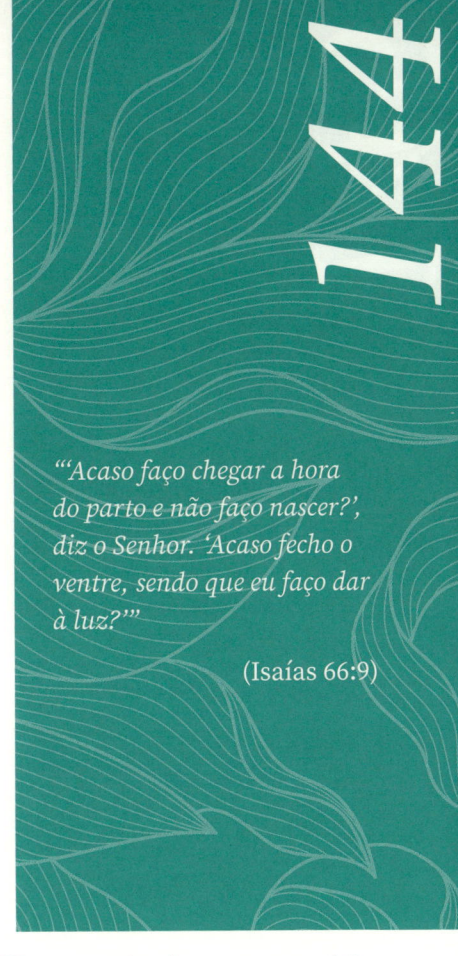

◆◆◆

"'Acaso faço chegar a hora do parto e não faço nascer?', diz o Senhor. 'Acaso fecho o ventre, sendo que eu faço dar à luz?'"

(Isaías 66:9)

A gravidez é um evento mágico na vida de uma mulher. Um tempo de esperança e expectativas. Um tempo de curiosidade e questionamentos. Como será essa criança? Serei capaz de educá-la, nutri-la e protegê-la dos males do mundo? Viverei para vê-la vitoriosa na vida adulta? Peço sinceramente a Deus que abençoe e banhe o ventre dessas futuras mães com sua Divina luz.

145

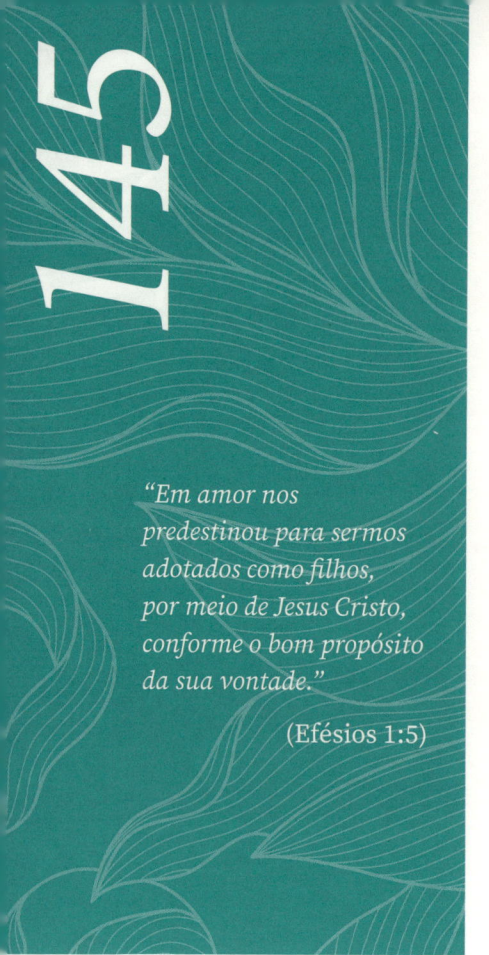

"Em amor nos predestinou para sermos adotados como filhos, por meio de Jesus Cristo, conforme o bom propósito da sua vontade."

(Efésios 1:5)

Adoção. Prova maior de amor paternal. Tornar nosso o que era de outros. Acolher e cuidar de quem não seria cuidado, amar quem não seria amado, dar um teto a quem viveria ao relento. Assim também fez Jesus: adotou os pobres, os desvalidos e abandonados e tornou-os seus filhos mais amados. Reflitamos sobre isto.

NoviSalmo 145

PELOS PAIS QUE ADOTAM

Abençoados sejam os pais
Que fizeram uma adoção,
E com ela deram lar
A um filho de coração.
Um herdeiro seu, de fato,
Que, distante do orfanato,
Terá toda a sua atenção.

Abençoados os que adotam,
Pois serão pais de verdade
Com respeito, com carinho,
Com afeto e com a vontade.
De cuidar e ver crescer
Quem jamais iria ter
Essa tal felicidade.

Adoção que está na Bíblia,
Adotado foi Moisés.
E, assim, Deus comunica:
Quem a um filho se dedica
É um cristão de nota DEZ!

◆◆◆

NoviSalmo 146

A INVEJA É INIMIGA

Não cobice o que um vizinho
Conquistou e você viu.
Não inveje o que um parente
Com o trabalho conseguiu.
Nem os bens de alguma amiga,
Pois a inveja é inimiga
De quem dela se serviu.

Por inveja e por ciúmes,
Quis Caim matar Abel.
O assassino foi para o inferno,
E o defunto foi pro céu.
Eis aqui a inveja e pura
Retratada na Escritura,
E em poesia de cordel.

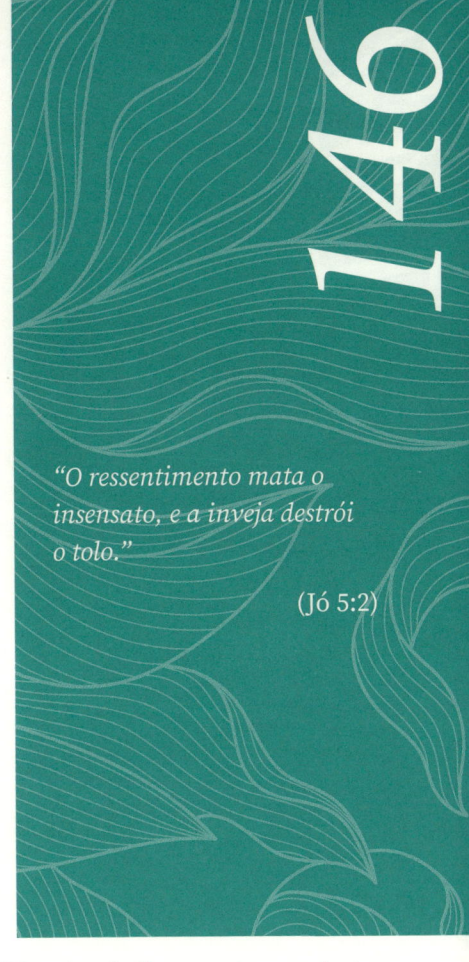

◆◆◆

"O ressentimento mata o insensato, e a inveja destrói o tolo."

(Jó 5:2)

> A inveja é um cupim que, lentamente, vai corroendo os esteios até que um dia acaba fazendo a casa inteira desabar. O sucesso do irmão é o desgosto do invejoso. A vitória do vizinho lhe tira o sono, a divisão justa o incomoda. O invejoso não se contenta com o que tem e só se satisfaz se também puder tomar o que o próximo conquistou. E, por serem comandados pelo Maligno, têm especial ódio pelos que são amados e favorecidos pelo Senhor.

147

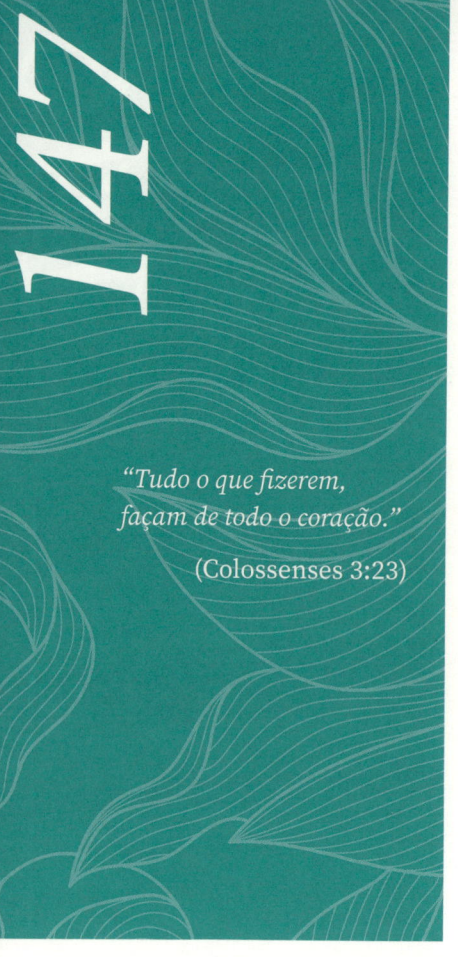

*"Tudo o que fizerem,
façam de todo o coração."*

(Colossenses 3:23)

É quando baixamos a um quarto de hospital que aprendemos a amar e respeitar o trabalho dos enfermeiros e enfermeiras que cuidam da gente. A paciência, a dedicação e a boa vontade desses profissionais são ainda mais comoventes quando nos damos conta de que nesses momentos estamos profundamente fragilizados e sensíveis. Jamais me esquecerei dos enfermeiros que me cuidaram. Jamais.

NoviSalmo 147

PELOS MEUS ENFERMEIROS

Deus mantenha o enfermeiro
Sempre alerta e sempre ativo.
E abençoe quem me troca
Todo dia o curativo.
Quem me olha e me acompanha,
Quem me ergue, quem me banha,
Quem me cura e me quer vivo.

Deus dê bênçãos à enfermeira
Que me dá o medicamento,
Troca o soro, muda a fralda,
Mesmo à noite, que tormento!
Que me aplica uma injeção,
Verifica minha pressão,
Me incentiva e traz alento.

Que Deus cuide com carinho
Desses anjos de hospital.
Dessa gente tão polida
Que jamais me trata mal.

E mesmo ganhando alta,
Vou sentir, tristonho, a falta
Desses bons profissionais.
De reputação tão alta,
De sua doce atuação,
Seu amor e da atenção,
Que o poeta aqui ressalta.

◆◆◆

NoviSalmo 148

NEFASTO PRECONCEITO

Não tolero quem demonstra
Seu nefasto preconceito
Racial ou religioso,
Isso aí não é direito!
Nem de gênero ou pobreza,
E outros tantos, com certeza,
Pois ninguém nasceu perfeito.

"Não julgueis para que não
Sejas tu também julgado."
Quem se acha superior
Desde já foi rebaixado.
Junto aos olhos do Senhor,
Tu és mero pecador,
E do Céu será afastado.

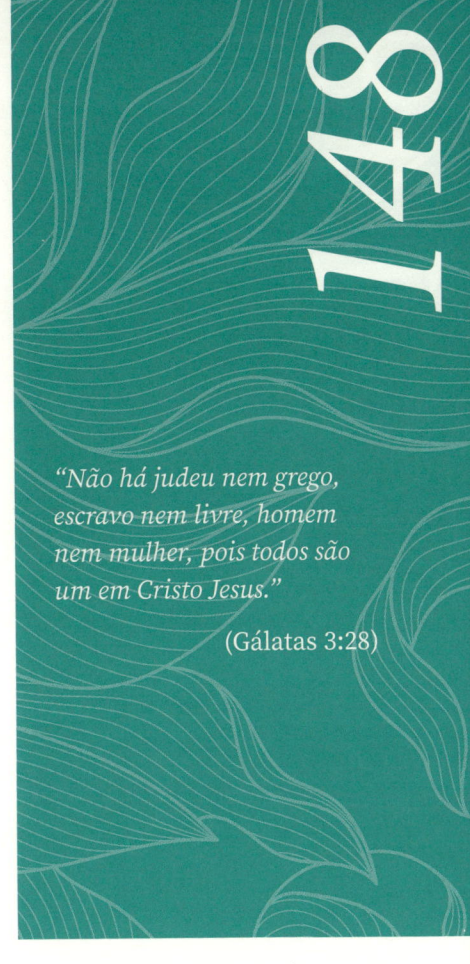

◆◆◆

"Não há judeu nem grego, escravo nem livre, homem nem mulher, pois todos são um em Cristo Jesus."

(Gálatas 3:28)

Preconceito. Palavra dura que nos envergonha. Prejulgar um irmão, uma irmã sem conhecê-los simplesmente em função de sua cor, gênero, aspecto ou qualquer outro fator externo. Deus preza a justiça, e o preconceituoso é o maior dos injustos, já que sentencia alguém de antemão, antes mesmo de conceder-lhe o sagrado direito de defesa.

149

"Não julgueis pela aparência, mas julgai segundo o reto juízo."

(João 7:24)

NoviSalmo 149

AMOROSOS SEM IGUAL

Abençoe, Pai, aqueles
Que têm síndrome de Down:
Filhos meigos, carinhosos
E amorosos sem igual.
Anjos doces lá do céu
Que dão vida ao meu cordel
Com seu riso jovial.

Também abençoe a alma
De seus orgulhosos pais.
Ter um filho Down já foi
Complicado, não é mais.
Hoje vivem, sem problemas,
Existências mais amenas,
Vidas plenas, tão normais.

Aliás, "normalidade",
É um conceito superado,
Coisa antiga, sem sentido,
Velharia do passado.
Anormal hoje é o sujeito
Que, por birra e preconceito,
Vive mal sintonizado.

◆◆◆

A síndrome de Down nos ensina que o amor transcende qualquer definição do que é "normal" ou "especial". Conheci algumas crianças com essa síndrome cujo carinho por quem as ama é comovente. São abençoadas por Deus e ensinam valiosíssimas lições aos seus pais. Já foi o tempo em que viviam escondidas da sociedade. Hoje, com tantos recursos de terapeutas, educadores e do conhecimento de seus próprios pais, conseguem viver com plenitude, crescer, trabalhar e interagir sem problemas com o mundo que nos rodeia.

NoviSalmo 150

DEPRESSÃO

É difícil para quem
Desconhece a depressão
Entender como se sente
Quem faz dela sua prisão:
Um desânimo total,
Sono intenso sem igual,
Letargia e prostração.

Peço ao Pai que se apiede
Desses meus irmãos amados.
E, ao livrá-los desse mal,
Traga-os, já recuperados,
Pra viver de novo a vida,
Quase, quase já perdida
Com remédios controlados.

Que o sol claro volte a entrar
Por seus vidros de janela,
E esse sol substitua
A luz fraca de uma vela,
Que havia escurecido
Suas vidas e trazido
Tantas lágrimas com ela.

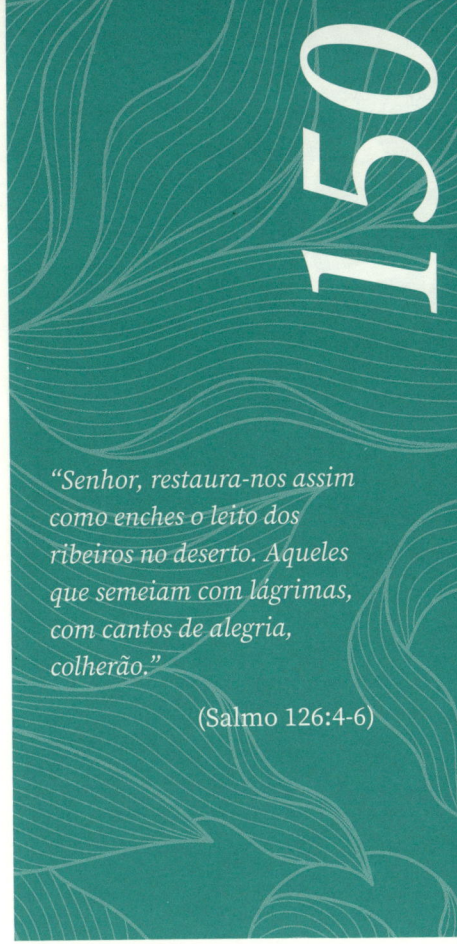

◆◆◆

"Senhor, restaura-nos assim como enches o leito dos ribeiros no deserto. Aqueles que semeiam com lágrimas, com cantos de alegria, colherão."

(Salmo 126:4-6)

A depressão é como um monstro feito de chumbo que se agarra ao corpo de suas vítimas e as puxa para o fundo do rio. É impossível nadar livremente com esse peso sufocante atado à cintura. Peso que não desgruda, nem afrouxa seu aperto. Quem sofre de depressão já acorda sem entusiasmo, sem objetivos para aproveitar o dia, sem a motivação de concluir uma obra iniciada. E o que lhe resta, então? Voltar para a cama e para os remédios que lhe prometem a energia e o ânimo que lhe falta. Que Deus o tome pela mão, o fortaleça e lhe devolva o sol que foi tirado de sua vida.

151

"A sorte é lançada no colo, mas a decisão vem do Senhor."

(Provérbios 16:33)

NoviSalmo 151

DEUS ME AFASTE DOS CASSINOS

Deus me afaste das roletas
E das mesas de cassinos,
Dos carteados, caça-níqueis
E dos dados pequeninos.
E também do vinte e um,
Pois não quero mais nenhum
Desses loucos desatinos.

Vejo gente que, com apostas,
Desmorona suas finanças,
Gasta tudo e nada sobra
(Nem pro leite das crianças).
Pois o jogo nos destrói,
É um cupim que só corrói
Nossos sonhos e esperanças.

Não existe jogatina
Com proveito, isso não tem.
Nem conheço jogo algum
Que pra gente traga o bem.
Até mesmo loteria
Nosso bolso ela esvazia,
E o retorno não nos vem.

Deus me afaste desse vício
Que me afasta da família,
Que me faz querer fugir
E isolar-me numa ilha.
Quem aposta perde a rota,
Vira escravo do agiota
Que nos cobra e nos humilha.

◆◆◆

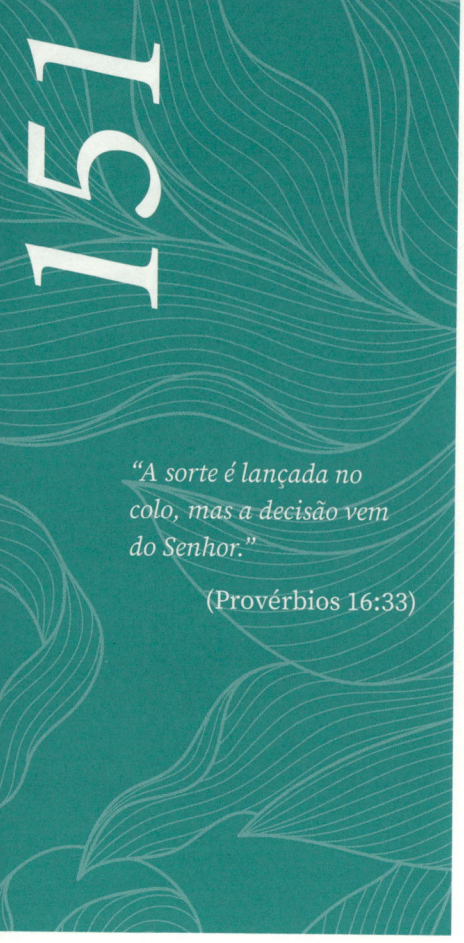

Outro tema recorrente nos meios da política é a liberação dos jogos de azar e a reabertura de cassinos e bingos no Brasil. Fico indignado com isso. Todos sabem das desgraças que o jogo causa às pessoas e à sociedade. Lares desfeitos, patrimônio dilapidado, dívidas, depressão e suicídios. Nunca se soube de alguém que tenha vencido na vida apostando em cavalos, rolando dados ou sentando-se a uma mesa de Vinte e Um. O que se ganha numa noite "de sorte", invariavelmente retorna, na noite seguinte, aos donos do cassino. Jogo é ilusão, é correr atrás do vento sem jamais o alcançar. Gosta de apostar? Quer uma dica vencedora? Aposte em Jesus, faça sua fé em Deus e aí, sim, você terá acertado na Sorte Grande!

NoviSalmo 152

DEUS ME AJUDE COM A DIETA

Deus me ajude para que eu
Siga agora uma dieta
Com menos carboidratos
Numa refeição completa.
Que eu resista no combate
Aos bombons de chocolate
E que atinja a minha meta.

Deus me tire essa vontade,
De cair na massa e pão,
De me encher de brigadeiro,
De torresmo e x-burgão.
De pedir bacon, lasanha,
Duas tábuas de picanha
E um bobó de camarão.

Eis que o meu cardiologista
Já me veio com um recado:
Ele disse: – *A coisa agora*
Ficou feia pro seu lado.
Seu colesterol subiu
Como igual nunca se viu,
E o seu dia está marcado.

Eu me apavorei e agora
Peço a Deus com devoção:
Segure meu garfo e impeça
Que me venha ao coração
Um ataque nesse instante,
Repentino e fulminante,
No miocárdio, e digo, então:

Deus quer ver-nos com saúde
E com o corpo bem cuidado.
Pois a gula, meus amigos,
É uma fonte de pecado.
E aonde quer que eu vá ou esteja,
Deus me livre e me proteja
Desse infarto anunciado.

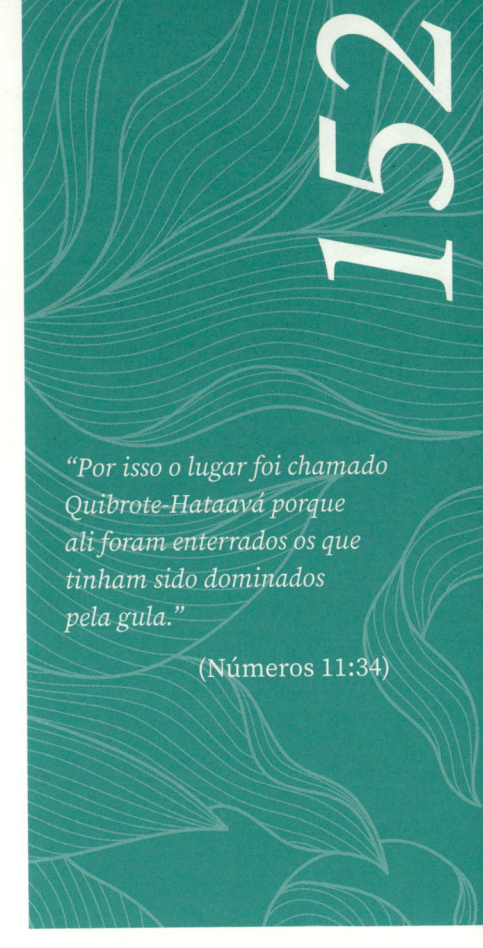

"Por isso o lugar foi chamado Quibrote-Hataavá porque ali foram enterrados os que tinham sido dominados pela gula."

(Números 11:34)

Comer bem é uma dádiva de Deus. Comer mal e comer demais são dois inimigos a se combater, dois hábitos a se evitar. Pois a quase totalidade dos males e doenças que nos acometem na vida adulta é resultado de uma alimentação deficiente ou descuidada. Reflitamos sobre isto e tentemos mudar nossos hábitos, pois comer besteiras tem um preço e mais dia menos dia a fatura chega, o boleto vence.

"Mas, como insistissem em perguntar-lhe, ergueu-se e disse-lhes: 'Aquele dentre vós que está sem pecado seja o primeiro que lhe atire uma pedra.'"

(João 8-7)

NoviSalmo 153

ATIRE A PRIMEIRA PEDRA

Por que é que estamos sempre
Satisfeitos por lançar
Duras pedras contra aqueles
Que nos vêm a rodear?
Nosso dedo acusador,
Quando aponta um pecador,
Nos traz algo em que pensar:

Somos todos imperfeitos,
Cada qual com seus pecados.
Temos erros e deslizes
(Os presentes e os passados),
Pois então como punir
Semelhantes e aplaudir
Quando forem apedrejados?

Jesus disse: – A hipocrisia
Não é coisa que me inspire.
Eu pergunto a vocês todos
E por mais que eu me admire:
Quem aqui nunca tombou
E um pecado praticou,
Que a primeira pedra atire.

◆◆◆

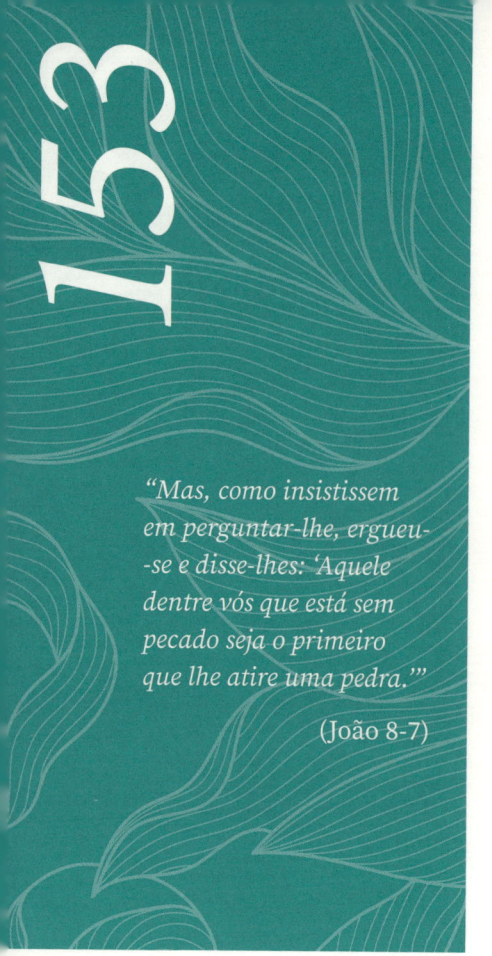

Uma das melhores respostas de Jesus! Um balde de água gelada sobre a cabeça dos hipócritas e dos falsos moralistas. Pecador não tem autoridade para condenar outro pecador. A justiça dos homens, portanto, é sempre sujeita a falhas e interpretações equivocadas. Felizmente, para os justos, o julgamento de Deus é o que realmente vale, o que realmente importa e o que definirá, sem a menor possibilidade de dúvida, quem merece ou não ter o seu nome gravado em letras douradas no Livro da Vida.

NoviSalmo 154

PARA OS QUE CUIDAM DE UM ENFERMO

Dura é a vida de quem cuida
De um familiar doente,
De um enfermo e lhe dedica
Seu carinho permanente.
Com cuidados e atenções,
Vencendo as limitações
De um amigo ou de um parente.

E, pra aquele que hoje sofre
Por se ver debilitado
E ao seu caro cuidador
(Sempre atento ali do lado),
Faço agora esta oração,
Peço a Deus sua proteção,
E um carinho ilimitado.

Que o paciente e o cuidador
Recuperem a plenitude
Com o sumiço da fraqueza
E o regresso da saúde;
Que a alegria volte imensa
Afastando essa doença,
Que Deus venha e os ajude.

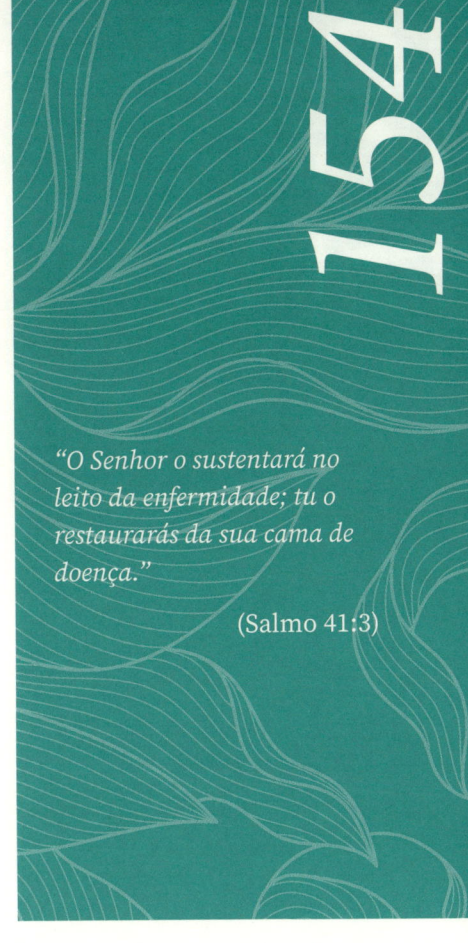

◆◆◆

"O Senhor o sustentará no leito da enfermidade; tu o restaurarás da sua cama de doença."

(Salmo 41:3)

Cuidar de uma pessoa doente é um pesado fardo. Exige paciência, dedicação e um esforço sobre-humano do cuidador. Sim, peço a Deus por eles dois: pelo doente e pelo que cuida dele. Que Deus traga suas vidas de volta à normalidade e que ambos posam voltar a relaxar e se divertir um pouco.

155

"Não se conformem com o padrão deste mundo, mas transformem-se pela renovação da sua mente."

(Romanos 12:2)

Não há como fugir das novas tecnologias. Elas vieram para ficar. Então vamos lançar mão de todas elas para levar adiante nossa missão de evangelizar e espalhar a Palavra do Senhor pelos quatro cantos do mundo. Sim, sou fã da modernidade, mas acho que nunca deixarei de amar uma boa Bíblia de papel fininho e macio ao toque. Dinossauro é dinossauro, não é?

NoviSalmo 155

DEUS INSPIRE AS NOVIDADES

Deus inspire as novidades
E os avanços naturais
Dessas tecnologias
Bem modernas e atuais.
Hoje padres e pastores
São leais frequentadores
De ambientes virtuais.

A Palavra se divulga
Com mais força e precisão.
Quem falava só pra vinte
Hoje prega pra um milhão.
Quem só convertia cinco
Leva mil à conversão.

Uma bíblia inteira eu trago
No meu bolso e é digital.
Se quiser, aumento a fonte
Do alfabeto original,
E falo com um reverendo
Que, da igreja, está me vendo,
Tudo simples, natural.

Mas também sentimos falta
Do contato ao vivo e a cores
Do abraço entre os irmãos,
Dos sermões libertadores,
De assistir e estar presente
Junto a gente como a gente,
Junto aos padres e pastores.

◆◆◆

NoviSalmo 156

NÃO SE DESCUIDE

Quem mais sobe, mais se arrisca
A quebrar-se com fratura.
Pois mais grave é sempre a queda
Que vem de maior altura.
Por orgulho, muita gente
Se diz autossuficiente,
E será que isso tem cura?

O remédio é ser HUMILDE
E reconhecer que não
Somos nada sem ter Deus
Como guia e guardião.
Você pode até subir,
Mas do alto, se cair,
Quem te serve de colchão?

Sendo assim, não se descuide,
Nem se julgue o maioral.
Não se sinta superior,
Nem queira ser imortal.
Ao andar, vigie o pé,
Não se afaste de sua fé,
Humildade é essencial.

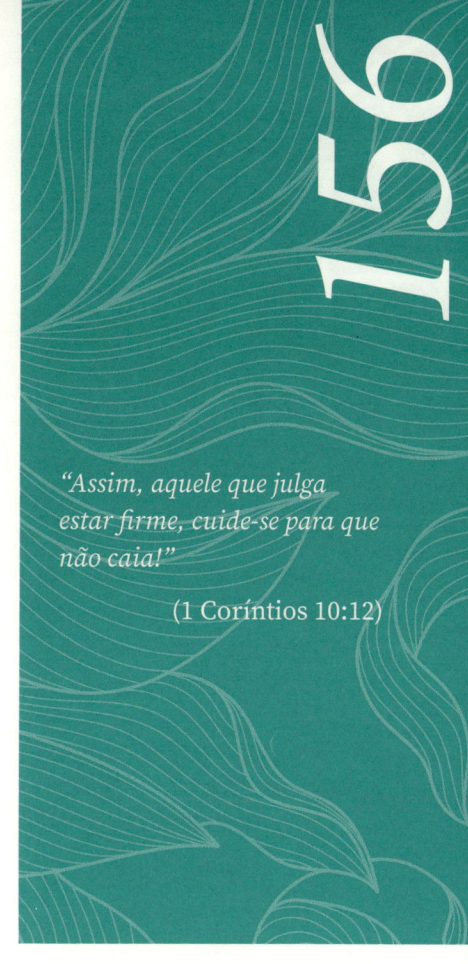

◆◆◆

"Assim, aquele que julga estar firme, cuide-se para que não caia!"

(1 Coríntios 10:12)

A soberba é um mal que afeta muita gente. Gente que vive de nariz em pé, se achando a última bolacha do pacote. Gente que não cumprimenta os que considera seus inferiores ou que não dirige a palavra aos que julga não terem importância para os seus projetos de grandeza. O orgulhoso imagina estar no topo, mas mal sabe ele que os tombos de quem se eleva machucam e ferem com maior gravidade. Reflitamos também sobre este outro aviso da Bíblia: "A soberba precede a ruína, e a altivez do espírito precede a queda." (Provérbios 16:18)

"Mas os covardes, os incrédulos, os depravados, os assassinos, os que cometem imoralidade sexual, os que praticam feitiçaria, os idólatras e todos os mentirosos – o lugar deles será no lago de fogo que arde com enxofre. Esta é a segunda morte."

(Apocalipse 21:8)

NoviSalmo 157

ENXOFRE FUMEGANTE

Hoje à noite tive um sonho
(Ou melhor, um pesadelo)
Sobre um tal lugar que vi
E jamais quero revê-lo.
É onde residirão
Os sujos de coração,
E o lugar, vou descrevê-lo:

Fica o inferno, meus amigos,
Num profundo fosso horrendo
Com enxofre fumegante,
Fogo e ferro derretendo
Em fornalhas e caldeiras,
Grelhas quentes e fogueiras,
Que, a vocês, vou descrevendo.

Lá, vi homens e mulheres
Pendurados por correntes,
Vi capetas de barbichas
Espetando-os com tridentes.
Tinham chifres retorcidos,
Rabos grossos tão compridos
E amarelos feios dentes.

Vi panelas de óleo ardente
Que fritavam pecadores
Como bacon numa chapa
A chiar com muitas dores.
Vi espetos de açougueiro,
E vi brasas de um braseiro
A tostar mil traidores.

Vi adúlteros, larápios,
Aborteiros assassinos,
Mentirosos, embusteiros
Já sem rumos, sem destinos,
Caminhando sobre as brasas
Como aves sem suas asas,
Como igrejas sem seus sinos.

E no centro disso tudo,
Satanás a gargalhar
Rodeado pelas almas
Que lá cumprem seu penar.
Pelos tantos erros seus,
Pelo destemor a Deus,
Eis o preço a se pagar!

Meus olhos já não podiam
Tais desgraças contemplar.
Se essas cenas todos vissem,
Quem iria mais pecar?
Ir pro inferno é uma opção
E é por nossa decisão.
E você? Vai se arriscar?

◆◆◆

Essa visão também me veio durante o sono. Ao despertar, fui descrever em versos o que vi. Sentei-me diante do computador e deixei que meus dedos corressem livres pelo teclado. Ao final, fui reler o que havia escrito e até me assustei. Está aí uma visão que não quero jamais voltar a ter. Mas não posso negar que essa descrição nos traz algum proveito: fortalece a certeza de que fizemos a escolha certa, que é seguir as leis de Deus e fugir de qualquer possibilidade de um dia ir parar nesse lugar horrendo. Vade retro, inferno!

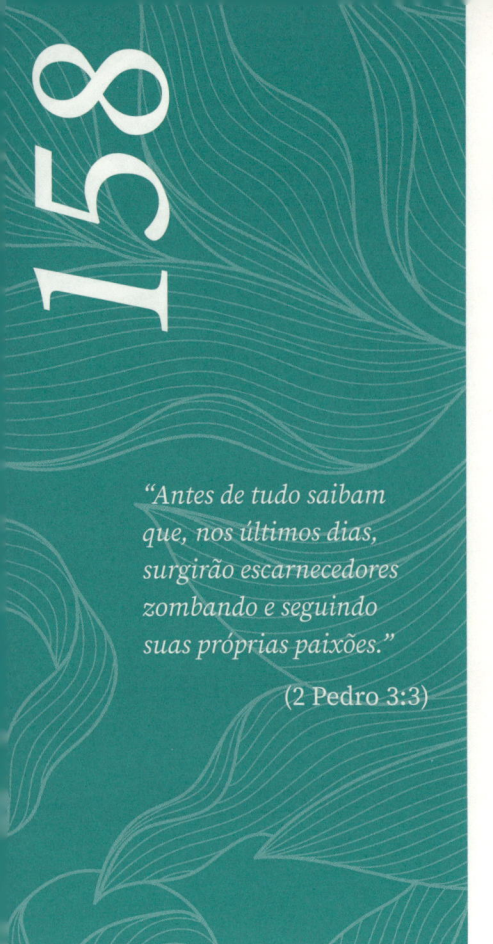

"Antes de tudo saibam que, nos últimos dias, surgirão escarnecedores zombando e seguindo suas próprias paixões."

(2 Pedro 3:3)

NoviSalmo 158

DANCINHAS DE CRISTO

Igreja não vende chope,
Nem se compra Bíblia em bar.
Cada um tem sua missão
Não dá certo misturar.
E tem música profana
Que confunde o povo e engana
Por não estar em seu lugar.

Aos cristãos são dirigidos
Certos hits musicais
Com dancinha reboladas
E trejeitos sensuais
Com vocabulários chulos,
Muitos berros, muitos pulos,
Nadinha devocionais.

Sim, as músicas alegres
São do agrado do Senhor,
Mas não faltem com o respeito
E o decoro em seu louvor.
Não se mostra amor e fé
Com canções de cabaré
Sem mensagens de valor.

E não faço aqui juízo
Nem discriminação
Contra algum estilo e digo
Que já vi muito baião,
Bossa, blues e rock 'n' roll
Cujo artista nos tocou
Com poesia o coração.

158

Também vi lindas baladas
De agradáveis melodias,
Mas com letras afastadas
Do que a Bíblia nos diria.
Compostas por quem só pensa
Em ganhar fortuna imensa
Produzindo porcaria.

Sou às vezes saudosista
E tenho a esperança vã
De que os jovens ouçam mais
Nossa linda Harpa Cristã.
Mas também que criem novas
Melodias e boas trovas
Com mensagem pura e sã.

◆◆◆

Música para louvar o Senhor pode, sim, ser alegre e animada. O que não pode é canção em tom de zombaria, deboche e pouco respeitosa. Dancinhas sensuais, expressões chulas e linguajar de boteco muitas vezes são usados em modernas músicas ditas "cristãs" a título de lhes dar leveza e informalidade. O argumento desses escarnecedores é o de que "é isso que os jovens querem ouvir". Será que é mesmo assim? Quem nunca comeu filé-mignon pode até achar que o hamburgão gorduroso do trailer da esquina é a melhor carne do mundo. Assim também ocorre com a educação musical. Exponha o jovem desde cedo à boa música cristã, aos hinos clássicos da Harpa, aos blues gospel americanos, aos corais sacros ou ao som de boas bandas de rock cristão nacional, como o Resgate e o Oficina G3. Faça isso e veja o resultado. Gosto não se discute. Mas se adquire.

NoviSalmo 159

NÃO FAÇA SÓ POR RECOMPENSA

Não busque por recompensa
Nem por retribuição
Se você só está cumprindo
Sua justa obrigação.
Seu serviço de rotina,
Faça-o sempre sem propina,
Sem pedir nenhum tostão.

Certos atos nessa vida
Gratuitos devem ser
E feliz de quem, em troca,
Nada espera receber.
Cumpra a sua obrigação,
E confiem, irmã e irmão,
Que Deus Pai, no céu, vai ver.

◆◆◆

"Assim também vocês, quando tiverem feito tudo o que for ordenado, devem dizer: 'Somos servos inúteis; apenas cumprimos o nosso dever.'"

(Lucas 17:10)

Não me agrada ver alguém nos pedindo "um algo a mais" por um serviço que deveria ser sua normal obrigação. Se eu quiser – e desejar –, posso até dar uma gratificação extra a um funcionário que me atendeu com excepcional carinho ou a um profissional que me entregou mais do que o que eu esperava. Mas não gosto muito que me peçam.

O mesmo acontece com a nossa relação com Deus. Não cobre Dele atenção e favorecimento maiores somente porque estamos praticando mais caridade e amor ao próximo do que o nosso vizinho. Cuidemos somente da NOSSA obrigação como cristãos. Cumprir as leis do Senhor já nos traz satisfação mais que suficiente.

Quanto ao vizinho, deixe que ele próprio se entenda com Deus.

NoviSalmo 160

O COMUNICADOR

Ninguém foi melhor que Cristo
Que, em matéria de sermão,
Transmitia ensinamentos
Com clareza e precisão,
Com parábolas brilhantes,
Exemplos edificantes
E de fácil compreensão.

Sem palavras rebuscadas
Todo o povo ele instruía
Com vocabulário simples
Mas repleto de poesia.
Era um comunicador
E impecável professor
De amor e filosofia.

Um exemplo poderoso,
E uma imagem bem usada
Por Jesus foi comparar
A uma tumba bem caiada
Um hipócrita que, pro mundo,
Não se mostra sujo, imundo,
Mas com a face bem lavada.

Pois assim é a sepultura,
Monumento enganador:
Do lado de fora é limpa,
Mas por dentro é só fedor.
Pode ser bem construída,
Mas matéria apodrecida
Lhe preenche o interior.

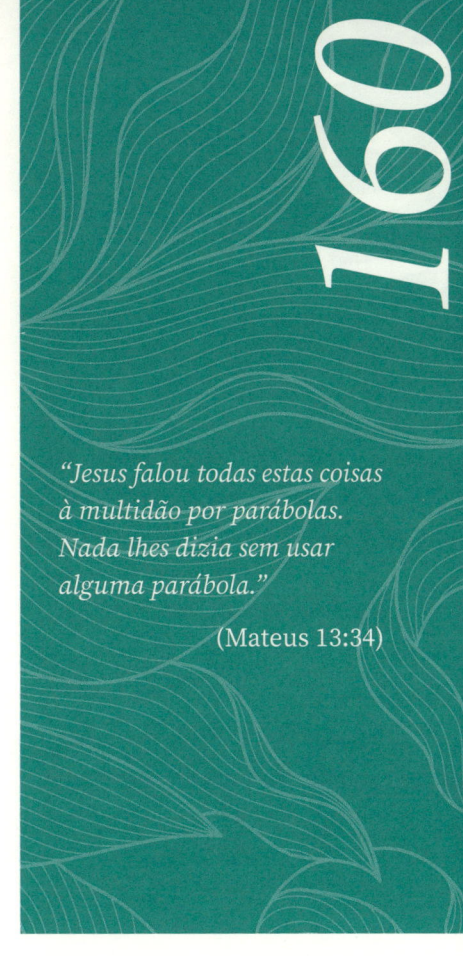

◆◆◆

"Jesus falou todas estas coisas à multidão por parábolas. Nada lhes dizia sem usar alguma parábola."

(Mateus 13:34)

O hipócrita usa perfumes caros para mascarar a própria fedentina. É uma comparação que, por si só, já nos revela o espírito dissimulador do hipócrita.

Jesus conhecia bem a eficiência de se valer de comparações e parábolas para explicar seus conceitos com clareza às pessoas simples que o ouviam. Era um mestre talentoso e um comunicador sem igual!

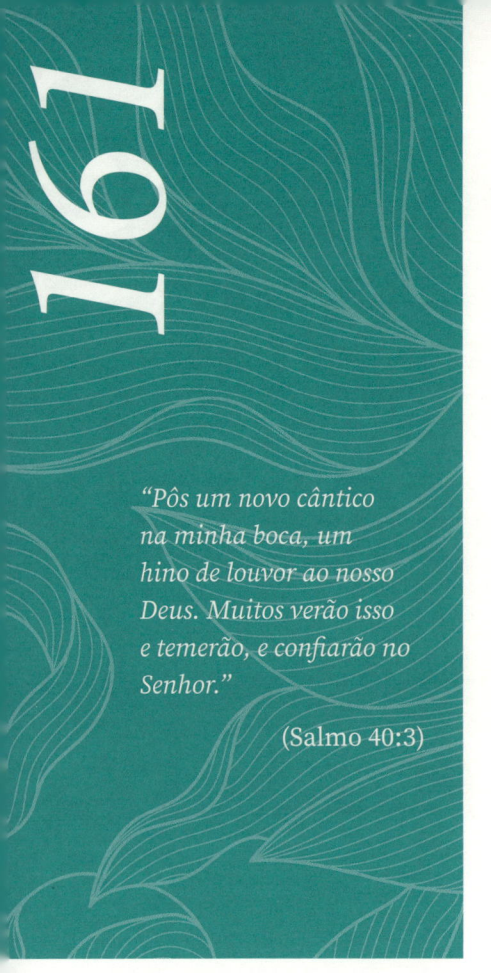

"Pôs um novo cântico na minha boca, um hino de louvor ao nosso Deus. Muitos verão isso e temerão, e confiarão no Senhor."

(Salmo 40:3)

Pessoalmente, acho que o rock e o blues são dois estilos musicais que souberam se adaptar muito bem à missão de louvar o Senhor e falar de assuntos de fé. O ritmo pulsante do rock é ideal para aquelas canções que exaltam a força e a confiança de quem tem Deus e Jesus Cristo ao seu lado. Já o blues e as baladas rock mais lentas permitem a entrada de belas harmonias vocais nos refrões – vide as interpretações e arranjos de Elvis Presley para música cristã. E o rock nacional não fez feio. Procure ouvir algumas dessas bandas citadas no NoviSalmo 161 e confira.

NoviSalmo 161

CRISTI-ROCK

Quem disse que Rock 'n' Roll
Não combina com louvor?
Que não fala em tom sincero
Sobre os temas do Senhor?
Só por ser mais estridente
Com batera mais presente
E um vocal demolidor?

Rock 'n' Roll é ver a fé
Concentrada na energia
Dos seus baixos, de guitarras,
E teclados, quem diria.
Pulsação que nos anima
A louvar o Pai de Cima,
Som cristão que contagia.

Quem cresceu ouvindo bandas
De rock cristão legal
Vai se recordar de grupos
De valor excepcional:
Tem Oficina G3,
Tem Resgate e Catedral,
Sem falar no Rebanhão,
De pioneiro som cristão
E seu som sensacional.

E que venham novas bandas
Pra falar de Deus e amor
Com letras que saiam claras
De um bom amplificador
Pra cristãos já convertidos
E também pros não ungidos,
Cristi-Rock do Senhor!

◆◆◆

"Sejam sóbrios e vigiem. O diabo, o inimigo de vocês, anda ao redor como leão, rugindo e procurando a quem possa devorar."

(1 Pedro 5:8)

NoviSalmo 162

FALAR SOBRE O INIMIGO

Já vi muitos religiosos
Em sermões dominicais
Pedindo que nem toquemos
No nome de Satanás.
Pois só de falar no Tal,
Isso atrairia o Mal,
Dando fim à nossa paz.

No entanto, isso é conselho
Que eu escuto, mas não sigo,
Pois creio ser necessário
Conversar sobre o Inimigo,
Discutir suas artimanhas,
Truques sujos e patranhas,
Pra viver mais precavido.

Se falar sobre o Capeta
Fosse assim tão arriscado,
Nossa própria Bíblia nunca
O teria mencionado.

Vejam o exemplo de Jesus
Ao tentar ser corrompido
Num deserto, onde podia,
Facilmente, ser vencido:
Chega o Sujo pro combate,
Mas Jesus Cristo o rebate
E o Rabudo é destruído.

Não falar do Rei das Trevas
É postura de avestruz,
É cobrir ferida aberta
Pra fingir não ver seu pus.
Enfiar cabeça no chão
Não trará sua proteção,
Só te privará de luz.

Pois então não se amedronte
De falar do Tentador.
Basta que, no fim da história,
Ele saia perdedor.
Pois prevalecendo o Bem,
O amor e a fé também,
É vitória do Senhor!

◆◆◆

> Conhecer bem e estudar o caráter do inimigo é fundamental numa guerra. Com o Diabo não se brinca, não se negocia, não se dialoga. O Cujo é cheio de artimanhas e irá aproveitar qualquer demonstração de fraqueza da nossa parte para tentar assumir o comando e roubar uma alma que a Deus pertença. Jamais invoque a sua presença, mas não tema conversar e aprender mais sobre ele. Assim, jamais seremos apanhados de surpresa.

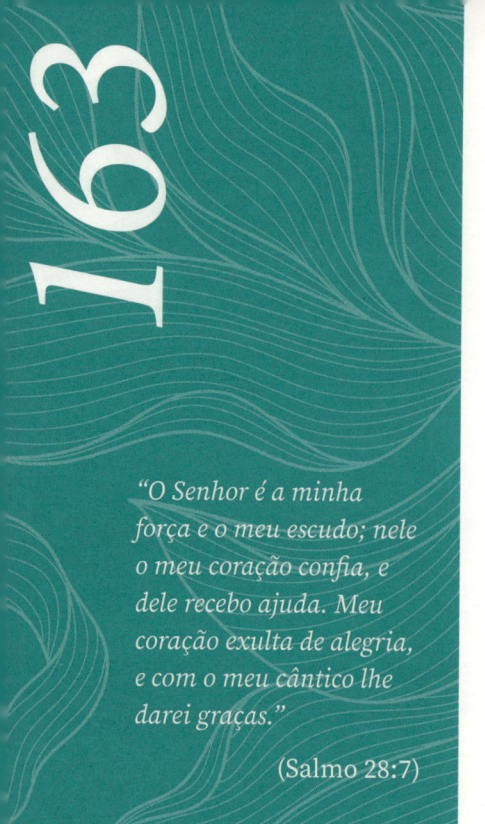

"O Senhor é a minha força e o meu escudo; nele o meu coração confia, e dele recebo ajuda. Meu coração exulta de alegria, e com o meu cântico lhe darei graças."

(Salmo 28:7)

Muitos competem a vida inteira sem jamais se tornarem campeões. O campeão é incansável, inabalável em seu foco de vencer. Nada tira a sua concentração, nem abala sua motivação de chegar ao fim da prova. Já os fracos, estes desistem diante dos primeiros obstáculos, dos mais leves contratempos. Mas, por ironia do Destino, também acabam se tornando campeões: campeões de lamentos e choramingos.

NoviSalmo 163

CAMPEÕES

Eu posso escrever bilhetes
Se um dia eu perder a fala.
E, caso me tirem os olhos,
Sigo em frente de bengala.
Se me cortam o pé direito,
Com o esquerdo me endireito
E minha fé nunca se abala.

Pois é fácil se entregar
(Fácil mesmo, de verdade)
Quando o Destino nos brinda
Com alguma adversidade.
Mas os fortes seguem em frente
Com energia surpreendente
E sua força de vontade.

São movidos pela fé
Que trazem nos corações.
E energia comparável
À dos tigres e leões.
Têm Jesus por companhia,
Que os motiva noite e dia,
E os transforma em campeões!

◆◆◆

NoviSalmo 164

PREGAR PARA CONVERTIDOS

É fácil falar pra justos
Ou pregar pra convertidos.
Complicado é convencer
Os que foram seduzidos
Pelo apelo da ganância,
Pelo mal da intolerância,
E outros males não sabidos.

Deus se alegra quando, às vezes,
Mesmo um bruto o surpreende,
Como o bom ladrão da Bíblia
Que, humilde, se arrepende
E, à direita de Jesus,
Também ele, numa cruz,
Pede ao Pai e o Pai o atende.

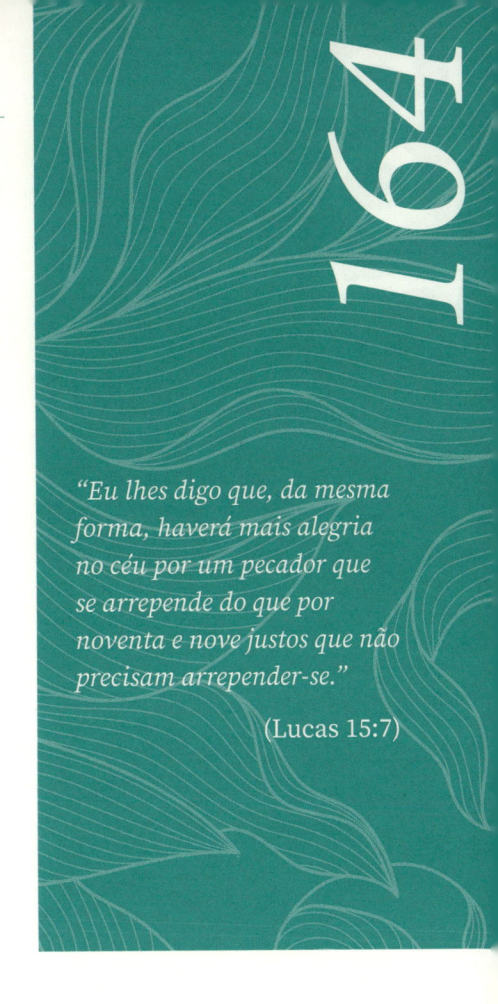

◆◆◆

"Eu lhes digo que, da mesma forma, haverá mais alegria no céu por um pecador que se arrepende do que por noventa e nove justos que não precisam arrepender-se."

(Lucas 15:7)

Levar alguém a se arrepender de seus pecados é dar início à sua conversão. É o primeiro passo para trazer essa ovelha para o rebanho do Senhor. Se for um auditório inteiro, melhor ainda. Há sacerdotes, porém, que somente pregam para plateias que eles já sabem que serão simpáticas à sua mensagem. Assim não correm riscos, não enfrentam o contraditório e não veem seus pontos de vista questionados. Não há bravura nisso. Não há coragem, tampouco. E, sobretudo, não há progresso na propagação da fé cristã. Sacerdotes assim são como aqueles burocratas que fazem somente o mínimo que lhes é exigido. E olhe lá.

NoviSalmo 165

GRATIDÃO

Deus tem um lugar guardado,
Em seu amplo coração,
Só pra aqueles que cultivam
O valor da gratidão.
Eis que os bem-agradecidos
Pelo Pai serão ouvidos
Com mais calma e atenção.

Já o ingrato em toda parte
É tratado sem amor,
Pois agradecer é prova
De doçura e de valor.
Quem ganha e não agradece
Não faz jus e nem merece
Viver junto do Senhor.

◆◆◆

"Regozijai-vos sempre. Orai sem cessar. Em tudo dai graças, porque esta é a vontade de Deus em Cristo Jesus para convosco."

(1 Tessalonicenses 5:16)

Recebeu? Agradeça. Ganhou? Diga "obrigado". Deus lhe atendeu? Retribua com palavras de gratidão quando orar a Ele. Seja grato a tudo e a todos que o ajudam. E o mundo sorrirá para você, as portas se abrirão, as barreiras tombarão e a neblina se dissipará ao seu redor.

NoviSalmo 166

NÃO INSISTA EM CONVERTER

Não insista em converter
Quem não quer te dar ouvidos,
Pois há muitos neste mundo
Que não vão ser convertidos
Por terem suas devoções
Já por outras religiões
E seus cultos preferidos.

Também há os que não creem
Que um só Deus onipotente
Criou tudo nesse mundo,
Nos protege e está com a gente.
Acreditam, neste caso,
Que a vida (um mero acaso)
Veio aleatoriamente.

Paralelamente, há outros
Que resistem à conversão
Por levarem vidas cheias
De luxúria e ostentação,
De prazeres sensuais,
Gostos fúteis e banais,
E assim continuarão.

E também nos lembraremos
Dos que escolhem, por direito,
Não se converter, e a eles
Devo todo o meu respeito.
Pois somente a importância
De evitar a intolerância
Nesse mundo irá dar jeito.

◆◆◆

"Sejam completamente humildes e dóceis, e sejam pacientes, suportando uns aos outros com amor."

(Efésios 4:2)

Ninguém é obrigado a se converter. Respeite essa decisão do seu próximo e jamais tente lhe impor suas crenças e suas verdades. A insistência só o fará se afastar ainda mais de você. Fale de sua fé apenas aos que se mostrarem atentos e interessados. Divulgue e espalhe a Palavra de Deus sempre que puder, mas sem fanatismo e, sobretudo, não sendo um daqueles "cristichatos" invasivos e inconvenientes.

167

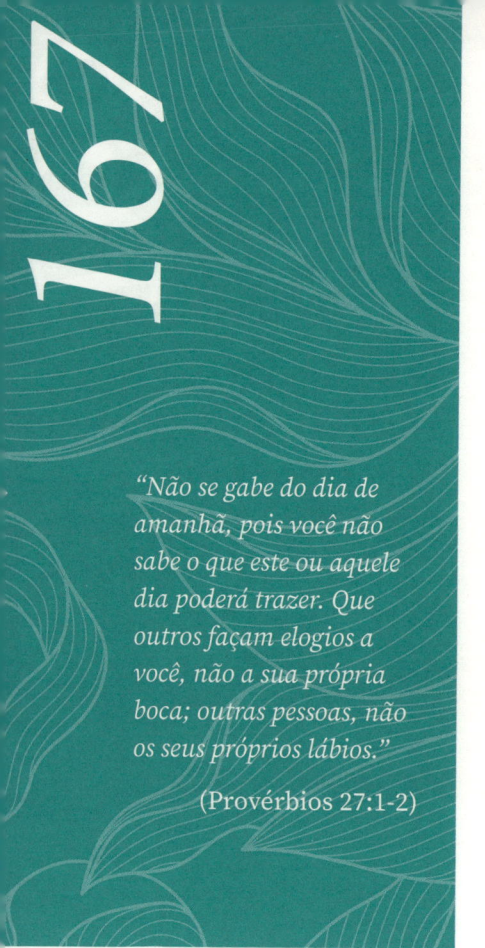

"Não se gabe do dia de amanhã, pois você não sabe o que este ou aquele dia poderá trazer. Que outros façam elogios a você, não a sua própria boca; outras pessoas, não os seus próprios lábios."

(Provérbios 27:1-2)

Ninguém gosta de gente gabola que vive contando vantagem, se autoelogiando e falando de suas qualidades e de sua prosperidade. Tudo o que o gabola possui é melhor, mais valioso e mais perfeito do que o dos outros. Seu jardim é mais florido, seus filhos são mais inteligentes, seu gramado é mais verde e até o seu cocô tem odor de lavanda.
Deus não gosta de gabolice e sempre favorece os modestos. Recordemos as palavras de Jesus no sermão da montanha:
– Bem-aventurados os humildes de espírito porque deles é o Reino dos Céus.

NoviSalmo 167

PÉS DE PAVÃO

Quem gosta de se gabar,
De dizer que é o maioral,
Muitas vezes cai do galho
Ou da corda de um varal.
Pois viver se enaltecendo
Vai, com o tempo, aborrecendo
Quem te cerca, isso é normal.

A modéstia é a virtude
Favorita dos sensatos,
Que caminham só por onde
Podem ir com os seus sapatos.
Não se acham mais amados
E nem privilegiados
Por seus gestos e seus atos.

E também cantar vitória
Muito antes da corrida
Vai fazer com que a plateia
Fique mesmo decidida
A querer, por resultado,
Você triste e derrotado,
E a vaidade, assim, punida.

Quem muito se gaba é tolo,
Bem assim como um pavão,
Que tem plumas deslumbrantes,
Mas os pés, que tem no chão,
São escuros, enrugados
E até são considerados
Exemplos de imperfeição.

◆◆◆

NoviSalmo 168

NÃO PEÇA A DEUS QUE TE LEVE

Às vezes, quando sofremos
Dor intensa ou privação
Pensamos que a morte certa
Seria uma solução.
E pedimos: – *Pai, me leve
Agorinha, por que não?*

Mas Deus sabe a hora certa
De uma alma vir buscar,
E o tanto de sofrimento
Que devemos suportar.
Não apresse o Ser Divino,
Ele te dará o destino
Quando o seu dia chegar.

Encaremos nossa dor
Como um rito passageiro,
E o seu fim virá, por certo,
Brevemente, bem ligeiro.
Nunca peça a Deus a morte,
Mas que apoie, nos conforte
E nos cure aqui primeiro.

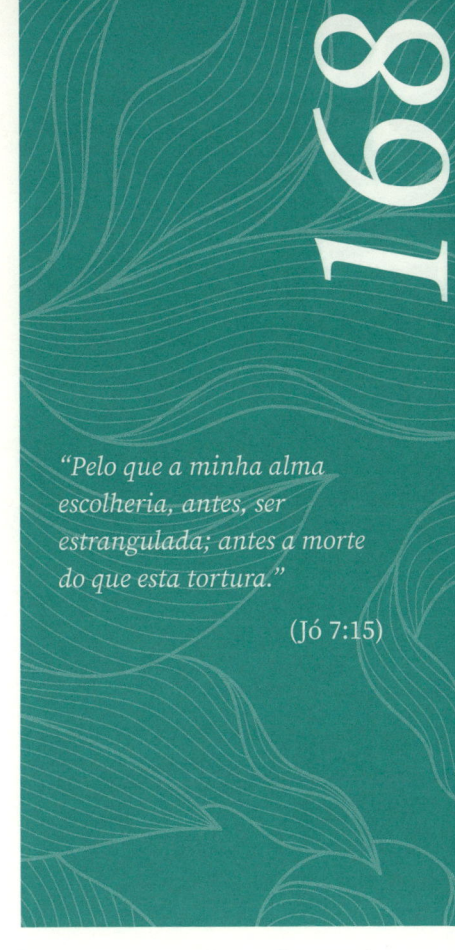

◆◆◆

"Pelo que a minha alma escolheria, antes, ser estrangulada; antes a morte do que esta tortura."

(Jó 7:15)

Deus não nos buscará antes da hora. Nem antes, nem depois. Partiremos no momento exato que Ele determinar e somente após cumprirmos a extensão inteira da jornada que Ele planejou para nós.
Nos lembremos de Jó, que, desesperado com o seu sofrimento, implorou a Deus que o levasse. Deus não atendeu ao seu pedido. E Jó não só se recuperou como ainda viveu uma longa vida, mais feliz até do que antes de adoecer. Imagine se o Senhor tivesse lhe fechado o livro antes do último capítulo?

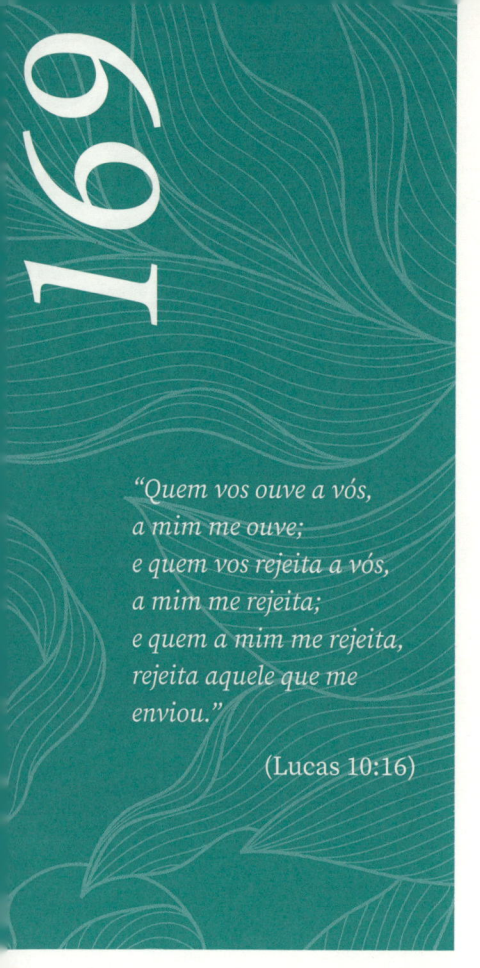

"Quem vos ouve a vós, a mim me ouve; e quem vos rejeita a vós, a mim me rejeita; e quem a mim me rejeita, rejeita aquele que me enviou."

(Lucas 10:16)

Quantas vezes recusamos um folhetinho que nos é passado na rua, um impresso com uma mensagem de fé, um versículo inspirador tirado da Bíblia. Não façamos mais isso. Guardemos o papel no bolso e, mais tarde, tratemos de ler o que ele traz escrito. Não rejeitemos o presente de quem se dispôs a trazer um pequeno, mas sincero, raio de luz para iluminar nosso dia.

NoviSalmo 169

TENHA PACIÊNCIA COM QUEM TE FALA DE DEUS

Não enxote, não afaste,
Quem, de Deus, vem te falar.
Se puder, escute atento
(Nenhum mal vai te causar),
Pois um pouco mais de luz
Só bondade nos produz,
Isso é sempre bom lembrar.

Se te entregam algo impresso,
Um folheto, ou o que for,
Leia-o sempre com carinho,
Reconheça-lhe o valor.
Pois decerto ele nos traz
Mensagens de amor e paz,
E louvores ao Senhor.

Não rejeite os que divulgam
A Palavra que liberta.
Receba-os com gentileza,
Com sorriso e mente aberta,
Pois quem vem falar de Deus
Só te afasta de Asmodeus,
Faça sempre a coisa certa!

◆◆◆

NoviSalmo 170

NÃO ESPERE DEMAIS PARA ACEITAR JESUS

Corram, corram, meus amigos,
Façam já sua conversão!
Pois ninguém prediz a hora
Em que iremos pro caixão:
Não se arrisquem a viajar
Para o Além sem aceitar
Ter Jesus no coração.

Ninguém sabe quando parte,
Nem a data do final.
Hoje estamos com saúde,
Amanhã num hospital,
E, se o caso for mais sério,
Do hospital pro necrotério
E, de lá, pro funeral.

Para quem se converteu
E viveu como cristão,
A partida não traz medo
Nem preocupação,
Mas, pra quem dormiu no ponto,
Um segredo aqui te conto:
– Diga adeus à Salvação!
◆◆◆

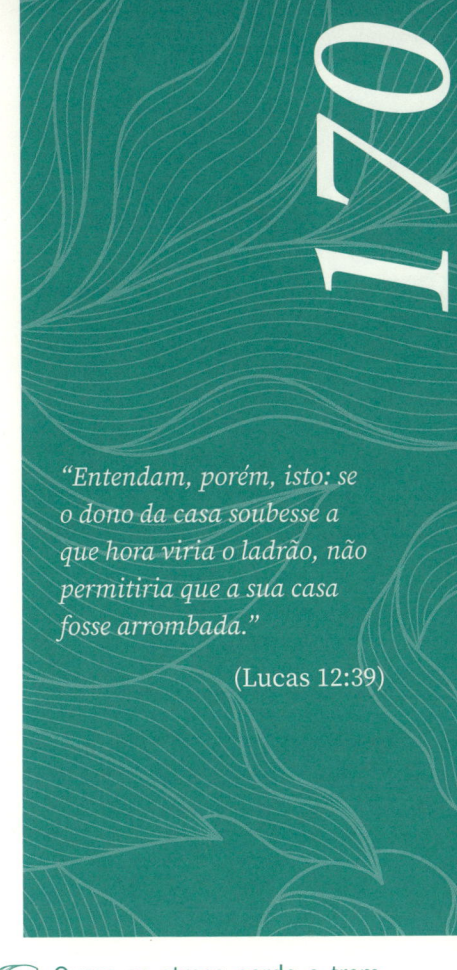

"Entendam, porém, isto: se o dono da casa soubesse a que hora viria o ladrão, não permitiria que a sua casa fosse arrombada."

(Lucas 12:39)

Quem se atrasa perde o trem. Quem dorme pesado acorda atrasado. Ninguém sabe o momento exato em que estaremos diante do trono do Senhor para o nosso derradeiro julgamento. Então, é sempre melhor estar preparado: ter acumulado, em vida, mais boas ações do que deslizes, mais virtudes que pecados. Não espere demais para estender sua mão e começar a caminhar na companhia do Senhor.

NoviSalmo 171

SIMPLES, MAS ATENTOS

Seja simples, seja puro,
Seja leve, sem maldade,
Mas jamais baixe sua guarda,
Pois quem preza a falsidade
Com certeza (é bom falar)
Vai tentar se aproveitar
De qualquer ingenuidade.

Então, continue simples,
No viver e no agir,
Mas esperto e sempre atento
Pra jamais vir a cair
Nas garras do lobo mau,
Ou nos dentes do chacal,
É um conselho pra se ouvir.

◆◆◆

"Eu os estou enviando como ovelhas no meio de lobos. Portanto, sejam astutos como as serpentes e simples como as pombas."

(Mateus 10:16)

Coincidência o NoviSalmo que nos alerta contra golpistas ser justamente o de número 171, não é mesmo?

Brincadeiras à parte, o fato é que não devemos confundir mansidão com ingenuidade. Nem doçura com descuido. Mesmo as pessoas gentis precisam agir sempre com precaução e ficar de olho vivo com estranhos que delas se aproximam. Infelizmente, vivemos em um mundo repleto de gente inescrupulosa, que não perde uma oportunidade de se aproveitar da credulidade e da confiança das pessoas honestas. A imaginação e a criatividade dos golpistas não têm limites e é triste ver um dom de Deus, a inteligência, sendo usado a serviço do Mal. Sejamos simples, mas jamais simplórios, pois.

172

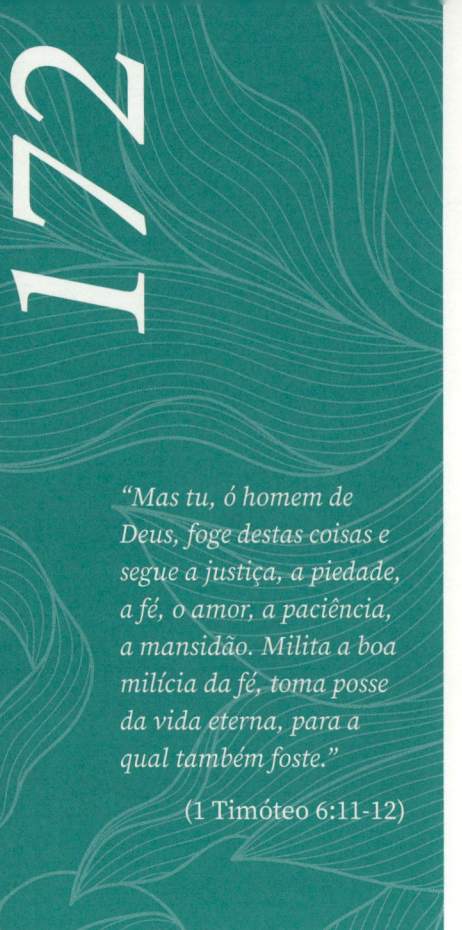

"Mas tu, ó homem de Deus, foge destas coisas e segue a justiça, a piedade, a fé, o amor, a paciência, a mansidão. Milita a boa milícia da fé, toma posse da vida eterna, para a qual também foste."

(1 Timóteo 6:11-12)

No Livro dos Salmos, na Bíblia, encontramos um formato bem curioso, muito utilizado na antiga poesia hebraica. O Salmo 119 não só é o maior salmo bíblico, mas foi também escrito em forma de acróstico. Um poema em que cada uma de suas estrofes começa com uma das letras do alfabeto hebraico seguindo a ordem alfabética. Por coincidência, na nossa poesia de cordel, temos algo idêntico: são os ABCs. Eis aqui, então, a seguir, o maior dos nossos NoviSalmos, que também tem suas estrofes começando com cada uma das letras do nosso alfabeto.

NoviSalmo 172

O ABC DO BOM CRISTÃO
Um NoviSalmo em forma de ABC

A (João 13:34)

Assim Cristo nos falou
Em lição proverbial:
Amar os que nos rodeiam
É o caminho natural
Pra que o mundo seja justo
E que o Bem suplante o Mal.

B (Mateus 5:8)

Bem-aventurados sejam
Os limpos de coração,
Pois no Reino Eterno é certo
Que eles lá residirão,
Os honestos terão casa
E os que creem viverão.

C (João 8:32)

Creia em Deus e veja que Ele
Não vai nunca te enganar.
A mentira cega os homens,
E desvia o seu pensar.
Procure pela verdade,
E ela irá te libertar.

D (Mateus 7:1, João 8:7)

Diga a quem quiser julgar
Um irmão que agiu errado:
– Não critique, não acuse,
Pra não ser também julgado.
Atire a primeira pedra
Quem jamais tiver pecado.

E (João 8:12)

É o Senhor a luz do mundo,
Está dito e anunciado:
Quem segue sua claridade
Não toma caminho errado.
Chega em paz ao seu destino,
Vitorioso e bem guiado.

F (Mateus 7:15)

Fuja sempre do profeta
Que, sorrindo lisonjeiro,
Promete prosperidade
Mas arranca o seu dinheiro.
Eis aí um falso lobo
Disfarçado de cordeiro.

G (Mateus 7:13)

Guarde bem pra não entrar
Pela porta larga, irmão.
A estrcita é pobre e humilde,
Mas conduz à Salvação.
Já a larga traz prazeres,
Fogo eterno e perdição.

H (Mateus 14:28)

Homem tolo, sem ter fé,
Não caminha sobre o mar;
Mas aquele que acredita
Nunca chega a se afogar.
Quem confia em Deus faz coisas
Realmente de espantar!

I (Mateus 5:4)

Imenso é o amor de Deus
Por quem chora amargurado.
Sua dor terá consolo
Seu sofrer vai ser curado.
Seu pranto será por Deus
Em sorriso transformado.

J (Mateus 19:14)

Jesus Cristo disse um dia
Vinde a mim toda criança.
Recebeu-as com carinho,
Com sorriso e fala mansa,
Pois os pequeninos trazem
As sementes da esperança.

K (João 4)

K é letra muito usada
Na cultura americana.
É um problema, mas o nosso
Bom poeta não se engana:
Estrangeira também era
A boa samaritana.

L (Lucas 12:27)

Lírios do campo vivem
Bem-vestidos e aprumados,
Elegantes e vistosos,
Sempre belos e alinhados.
Ganharam de Deus seus trajes,
Que jamais foram comprados.

M (Mateus 5:29)

Mais vale perder um olho,
Se ele te faz pecar,
Do que, tendo dois, sofrer
Lá no inferno e se queimar.
É vantagem perder algo
Se isso for pra nos salvar.

N (Mateus 6:3)

Não saiba a sua mão direita
Aquilo que a esquerda faz.
Quem pratica a caridade
Não precisa de cartaz.
Quem é bom não se promove,
Faz o certo e segue em paz.

NoviSalmo 172

O (Mateus 7:24)

O tolo constrói sua casa
Sobre o fofo chão de areia.
O sensato sobre a rocha,
Que é mais firme e não bambeia.
Seguro morreu de velho,
Quem é sábio não bobeia.

P (Mateus 20:16)

Primeiros irão pro fim,
E os do fim serão servidos.
O Senhor ama os humildes
Atendendo aos seus pedidos.
Chamados, teremos muitos,
Mas poucos os escolhidos.

Q (Lucas 11:9-10)

Quem procura encontrará.
Quem pedir vai ser ouvido.
Quem bater à porta sempre
Vai por Deus ser atendido.
É assim que está na Bíblia
Eu confio e não duvido.

R (João 11)

Ressuscita, amigo Lázaro,
E abandone essa caverna.
Quem confia em Deus meu Pai
Caminha com a própria perna.
Vence tudo, vence a morte,
Renasce na Vida Eterna.

S (Lucas 12:51)

Saibam que eu aqui cheguei
Para os homens dividir.
Sei que muitos me ouvirão,
Outros vão, de mim, fugir.
São palavras duras, mas
Verdadeiras de se ouvir.

T (Mateus 23:12)

Todo aquele que se humilha
O Senhor vai levantar,
Todo aquele que se exalta
Por si próprio irá tombar.
A vaidade é um veneno
Que pode te aniquilar.

U (Mateus 19:24)

Um rico dificilmente
Lá no céu iremos vê-lo.
Pois no meio de um deserto
Não há neve, nem há gelo
E, por um fundo de agulha,
Não se passa com um camelo.

V (Mateus 6:26-30)

– *Vejam, pois, os passarinhos,*
Que não fazem plantação.
Não cultivam pro sustento,
Mas de Deus recebem pão.
Assim disse Jesus Cristo
Com poesia e com razão.

W (Salmo 33:12)

W entra no ABC,
Quase quebra o trovador.
Letra rara em nossa língua,
Mas me saio com louvor:
Bem feliz é a nação
Cujo Deus é o Senhor!

X (Salmo 30:5)

X é como o CH,
Do choro que à noite temos,
Mas, já na manhã seguinte,
A alegria nós veremos.
A tristeza é passageira
Com Deus Pai nós venceremos.

Y (Mateus 1:21)

Yavé, Jeová, Javé,
Muitas formas de escrever
O nome de Jesus Cristo,
Cada um pode escolher.
Mas Ele é somente um,
É a razão do meu viver!

Z (Lucas 19)

Zaqueu, para ver Jesus,
Não temeu cair no chão.
Teve fé e aqui termino,
Com grande satisfação,
De cantar o NoviSalmo
Do ABC de um bom cristão.

◆◆◆

FIM

A missão do Livro dos NoviSalmos

1. Levar-nos a refletir sobre temas da nossa vida quotidiana, vistos à luz da fé cristã e dos ensinamentos deixados por Deus e por Jesus.

2. Relacionar esses temas com passagens das Escrituras e remeter o leitor à Bíblia, nossa fonte mais pura e fidedigna da Palavra de Deus. Os NoviSalmos são apenas leituras complementares e jamais foram escritos para competir com a beleza e a verdade dos Salmos Bíblicos.

3. Inspirar e motivar o leitor, reforçando sua crença e sua fé em Deus, em Jesus e na esperança da Vida Eterna.

4. Estimular a prática do Bem, do amor ao próximo, da tolerância e do perdão.

Modo de usar o Livro dos NoviSalmos

Leia os versos de um NoviSalmo. Após cada leitura, não deixe de pesquisar mais sobre o assunto em sua Bíblia e de fazer suas anotações pessoais sobre cada tema.

Método de leitura 1 – Leitura sequencial

Leia os NoviSalmos em sequência, um a cada dia da semana.

Método de leitura 2 – Leitura aleatória

Leia os NoviSalmos sem seguir uma ordem programada. Abra o livro em uma página qualquer e veja o que o Destino recomendou a você para a reflexão de cada dia.

Método de leitura 3 – Leitura orientada

Se você deseja uma busca mais específica sobre um determinado assunto, utilize o índice temático no início do livro.
E boa sorte!

Dez curiosidades sobre os 150 salmos originais que estão na Bíblia

1. O Salmo 23 é o mais lido e o mais famoso da Bíblia. E se inicia com as palavras "O Senhor é o meu Pastor; nada me faltará".

2. O Livro dos Salmos é o mais mencionado no Novo Testamento, com 186 citações.

3. Aproximadamente 50% dos salmos consistem de orações de fé em tempos conturbados e difíceis.

4. O Salmo 119 é o mais longo capítulo da Bíblia, com 176 versos.

5. O Salmo 117 é o mais curto capítulo da Bíblia, com apenas 2 versos.

6. Os Salmos 7; 35; 55; 58; 59; 69; 109; 137; 139:19-22 são conhecidos por "Salmos Imprecatórios", já que mencionam a maldição e a condenação divina sobre os maus e injustos.

7. Embora seja o mais famoso de seus autores, Davi não foi o único a escrever os salmos da Bíblia. Os dele foram 73. Asafe foi autor de 12. Os filhos de Corá, de 11. Salomão, de 12. Moisés, de 1. Etã, de 1. Os de salmistas anônimos são 50.

8. O Salmo 106:37 é o único que faz menção aos demônios.

9. O Salmo 119 é dividido em 22 unidades, que correspondem às 22 letras do alfabeto hebraico.

10. O Salmo 91 é considerado o mais poderoso de todos pela maioria dos cristãos. Nele lemos que: "Não terás medo do terror de noite nem da seta que voa de dia. Nem da peste que anda na escuridão, nem da mortandade que assola ao meio--dia. Mil cairão ao teu lado, e dez mil à tua direita, mas não chegará a ti."

Alguns trechos de rara beleza extraídos dos salmos bíblicos

1. "Deus é o nosso refúgio e fortaleza, socorro bem presente na angústia." (Salmo 46:1)

2. "É como o óleo precioso sobre a cabeça, que desce sobre a barba, a barba de Arão, e que desce à orla das suas vestes." (Salmo 133:2)

3. "Bem-aventurado é aquele que atende o pobre; o Senhor o livrará no dia do mal." (Salmo 41:1)

4. "Os que semeiam em lágrimas colherão com alegria." (Salmo 126:5)

5. "Esperei ansiosamente pelo SENHOR, e ele se inclinou para mim, e ouviu o meu clamor." (Salmo 40:1)

6. "Aquele que habita no esconderijo do Altíssimo, à sombra do Onipotente, descansará." (Salmo 91:1)

7. "O temor do Senhor é o princípio da sabedoria; todos os que cumprem os seus preceitos revelam bom senso. Ele será louvado para sempre." (Salmo 111:10)

8. "A minha alma espera somente em Deus; dele vem a minha salvação." (Salmo 62:1)

9. "A boca do justo profere sabedoria, e a sua língua fala conforme a justiça." (Salmo 37:3)

10. "Felizes são aqueles que não se deixam levar pelos conselhos dos maus, que não seguem o exemplo dos que não querem saber de Deus e que não se juntam com os que zombam de tudo o que é sagrado!" (Salmo 1:1)

11. "Os passos de um homem bom são confirmados pelo Senhor, e deleita-se no seu caminho. Ainda que caia, não ficará prostrado, pois o Senhor o sustém com a sua mão." (Salmo 37:23-24)

12. "Dirige os meus passos nos teus caminhos, para que as minhas pegadas não vacilem." (Salmo 17:5)

Impressão e Acabamento:
GEOGRÁFICA EDITORA LTDA.